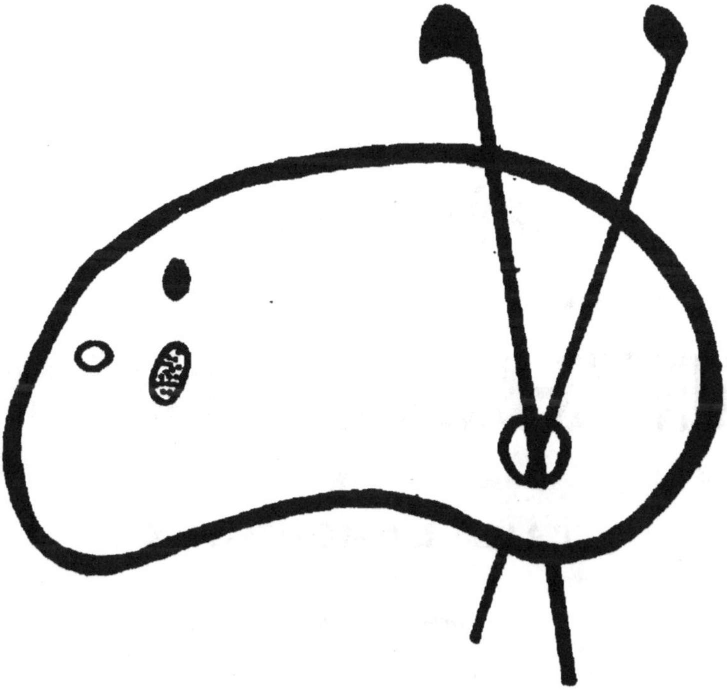

MANUEL

POUR LE

PÈLERINAGE

DES

SAINTES-MARIES DE PROVENCE

PAR

l'Abbé LAMOUREUX

Ouvrage approuvé par Mgr l'Évêque de Nimes

PRIX : 1 FR. 50

Se vend

CHEZ M. GERVAIS-BEDOT

LIBRAIRE-ÉDITEUR

Nimes, près la Cathédrale.

Nimes. — Typ Dubois, imp. de l'Evêché, rue Bernard-Aton, 2.

MANUEL

POUR LE

PÈLERINAGE DES SAINTES-MARIES DE PROVENCE

Nimes.—Typ Dubois, imp. de l'Evêché, rue Bernard-Aton, 2.

MANUEL

POUR LE

PÈLERINAGE

DES

SAINTES-MARIES DE PROVENCE

PAR

l'Abbé LAMOUREUX

Se vend

CHEZ M. GERVAIS-BEDOT

LIBRAIRE-ÉDITEUR

Nimes, près la Cathédrale.

Vu, approuvé et très-expressément recommandé.

✝ **LOUIS**, ***évêque de Nîmes.***

AVERTISSEMENT

C'est pour vous, pieux pèlerins, que nous avons composé ce travail. La pensée de l'écrire nous est venue aux Saintes-Maries

Nous osons espérer que, malgré ses imperfections, il sera accueilli avec bienveillance et qu'il pourra contribuer, dans une certaine mesure, à développer dans vos cœurs la foi et le pieux enthousiasme dont vous êtes animés pour les illustres protectrices de notre Midi.

S'il n'a pas le mérite de la plupart des

livres déjà parus sur les saintes Maries, il aura du moins l'avantage de réunir tout ce qui regarde leur culte et de fournir un aliment à votre piété.

Pour ces motifs, nous l'avons appelé : MANUEL POUR LE PÈLERINAGE DES SAINTES-MARIES DE PROVENCE.

Il est divisé en trois parties : la première contient une vie abrégée des Saintes, ainsi qu'une courte notice sur le pèlerinage qui se fait en leur honneur et qui voit chaque année, malgré les misères du temps, s'augmenter le concours des fidèles.

La deuxième partie est un recueil de prières que nous faisons suivre d'une neuvaine préparatoire aux fêtes de mai et d'octobre. Ces prières et cette neuvaine vous permettront de vous préparer plus dignement au pèlerinage, à mieux profiter des grâces particulières que Dieu est disposé à vous accorder en récompense de votre fidélité et de vos fatigues.

Enfin nous avons classé dans la troisième partie les cantiques populaires qui se chan-

tent aux pèlerinages ; ce qui rend aussi complet que pratique ce petit Manuel.

Puisse-t-il remplir sa mission ! Puisse-t-il répondre aux vœux de vos âmes et servir à votre profit spirituel ! Puisse-t-il vous unir plus étroitement aux grandes Saintes, rendre plus fructueuses vos visites, vous mériter la continuation de leur protection et de leurs bienfaits ! Nos vœux seront pleinement exaucés !

PREMIÈRE PARTIE

I

Vie abrégée des saintes Maries Jacobé et Salomé.

Le cadre restreint d'un petit Manuel nous impose la nécessité de résumer, en peu de mots, la vie si touchante des saintes Maries. Nous ne négligerons pas cependant de donner les détails suffisants. Pour mettre dans notre travail l'ordre et la clarté désirables, nous diviserons notre sujet en trois chapitres. — Nous parlerons dans le premier chapitre de la vocation et du commencement du ministère des Saintes — dans le second, de leur exil pour Jésus-Christ — dans le troisième, de leur séjour dans le désert de la Camargue.

CHAPITRE PREMIER

Vocation et commencement du ministère des saintes Maries.

Nous ne connaissons que très-imparfaitement ce qui se rattache aux premières années des saintes Maries (1). A quel moment se mirent-elles à la suite de Notre-Seigneur ? De quelle manière s'opéra leur ministère ? C'est ce que nous ignorons.

Marie Jacobé, selon l'opinion communément reçue, était femme de Cléophas, frère de saint Joseph, l'époux de la Vierge Marie. Elle fut la mère de deux apôtres : du premier évêque de Jérusalem, saint Jacques, et de saint Jude, qui se déclare lui-même le frère de saint Jacques dans sa première épître.

Marie Salomé, ainsi appelée à cause de

(1) Bollandistes. — Rohrbacher.

Salomé, son père, était cousine germaine de Notre-Seigneur. Elle fut la mère de saint Jean, le disciple bien-aimé, et de saint Jacques, dont les reliques vénérées ont été de tout temps et sont encore l'objet d'un pèlerinage fréquenté à Compostelle en Espagne.

Pendant la vie publique du Sauveur, ces âmes pieuses, attirées par la grâce intérieure qu'il répandait dans les cœurs, le suivirent de très bonne heure, l'assistant de leurs biens et le servant lorsqu'il annonçait le royaume de Dieu. Leur fidélité ne se démentit jamais, et, au moment des plus grandes épreuves, leur amour pour la personne du divin Maître ne fit que s'accroître.

L'Évangile nous les montre avec Marie Madeleine et la très-sainte Vierge, sur le Calvaire, au pied de la croix où elles avaient accompagné Notre-Seigneur, malgré les menaces des Juifs, les mauvais traitements des soldats et les insultes du peuple. C'est là qu'avec saint Jean et les autres saintes femmes, elles compatirent aux souffrances de leur Maître et devinrent les témoins du testament qui a racheté le monde.

Le jour de la Résurrection, elles se rendirent au sépulcre, dès le matin, portant dans leurs mains de précieux parfums. Personne n'ignore la scène qui se passa près du tombeau, les paroles que l'ange leur adressa et les apparitions dont elles furent favorisées. Si nous suivons les détails évangéliques, nous les voyons parmi les cinq cents disciples qui assistèrent à l'Ascension. Nous les retrouvons aussi au Cénacle; le jour de la Pentecôte, elles reçoivent le Saint-Esprit sous forme de langues de feu ; et, désormais, pleines de force et de courage, elles suivent les apôtres, comme elles avaient suivi N.-S. Jésus-Christ ; elles prient dans le silence de leur cœur pour le succès de leur ministère. Après avoir pleuré au pied de la croix, après avoir assisté à la suprême expiation du Calvaire, elles contemplent avec bonheur la transformation qui s'opère dans le monde.

Les peuples accourent en foule pour embrasser la religion de Jésus crucifié. Déjà Jérusalem, la Palestine et les pays les plus éloignés sont devenus chrétiens. Tout annonce la ruine prochaine du judaïsme et la fin du règne des idoles. Mais Satan, quoique terrassé au Calvaire, va essayer de se relever et de réparer sa défaite. C'est lui qui inspire de toutes parts ces cris barbares qui coûtèrent tant de sang : « *Mort aux Chrétiens ! mort aux Chrétiens !* » L'ère de la persécution a commencé pour les amis de Jésus.

C'est l'heure marquée par Dieu, où dans un coin perdu de notre patrie, à l'extrémité d'un îlot sauvage, sous le ciel de la Provence quelques persécutés bannis par des ingrats qui cherchent à les faire mourir, viennent apporter les lumières de la foi et travailler à la conversion des Gaules (1).

(1) Le Nain de Tillemont.

CHAPITRE II

Exil des saintes Maries pour Jésus-Christ.

Transportons-nous, pour le moment, sur le rivage de cette terre qui a vu mourir le Sauveur. Le ciel est beau, la mer est calme, tout dans la nature est tranquille. Une multitude de Juifs, ayant à leur tête les princes des prêtres et les principaux chefs de la nation, s'agite et s'avance furieuse. Ses cris de rage font contraste avec le calme des éléments.

Et, au milieu de cette populace effrénée, marche, les yeux au ciel, un petit groupe d'élus du Seigneur, priant pour les barbares qui vont les vouer à la mort ou à l'exil. C'est Lazare avec ses deux sœurs, Marthe et Madeleine. C'est Maximin, ami de Lazare. Ce sont Marie Jacobé et Marie Salomé, avec leurs deux servantes, Marcelle et Sara. Ce sont Sidoine, l'aveugle de Jéricho, et quelques autres disciples.

Les Juifs, ayant reconnu en eux des fervents apôtres de Jésus, veulent s'en défaire. Vont-ils les soumettre à de cruels supplices? Non! Ils craignent que la constance qu'ils montreraient à les supporter, ne leur attire de nouveaux adeptes ; ils choisissent un moyen plus lâche : ils les jettent dans une barque sans rames, sans gouvernail, sans provisions.

Déjà ces méchants se réjouissent dans leur cœur à la pensée de les voir périr par le naufrage ou par la faim ; mais ils ont compté sans Celui qui commande aux flots et à qui les vents et la mer obéissent. Soudain, sous le coup d'une brise fraiche et légère qui vient de se lever, le bâteau, sans voiles ni avirons, guidé par une main mystérieuse, vogue vers la pleine mer. Une pieuse tradition raconte qu'un ange s'en fit le pilote et le conducteur ; elle nous montre même sainte Sara marchant sur les flots, portée sur le manteau de Salomé. Ainsi disparut l'humble nacelle, s'éloignant à jamais des côtes inhospitalières de la Palestine, au grand étonnement de la foule, emportant les nobles fugitifs qui vinrent heureusement aborder près de l'embouchure du Rhône, sur l'île de la Camargue, où ils s'illustrèrent bientôt par leur vie chrétienne et attirèrent les peuples par leurs miracles.

CHAPITRE III

Les saintes Maries dans le désert de la Camargue.

A peine les pauvres exilés eurent-ils mis pied à terre que leur première préoccupation fut de remercier le ciel de la protection miraculeuse dont ils avaient été l'objet pendant leur traversée. Un autel en terre pétrie fut élevé par leurs soins sur la plage, et saint Maximin, avec les autres disciples, y célébra les saints mystères.

Au même instant, pour montrer combien

leur religion lui était agréable, Dieu fit jaillir, pour leur usage, une source d'eau douce qu'on voit encore de nos jours, dans cet endroit même, où l'on ne trouvait auparavant que de l'eau salée. Pour perpétuer le souvenir de ce prodige, ces saints personnages bâtirent en ce lieu un modeste oratoire qu'ils dédièrent à Dieu, en l'honneur de la bienheureuse Vierge Marie.

Ce devoir de reconnaissance accompli, les proscrits se disent que sur cette terre qui leur a donné un refuge, il doit y avoir des âmes à conquérir. N'écoutant que leur zèle, ils consentent aux douleurs de la séparation. Saint Lazare se dirige vers Marseille dont il devient le premier évêque ; saint Maximin se rend à Aix et fonde bientôt dans cette ville une petite chrétienté. Sainte Madeleine se retire à la Sainte-Baume où elle vit trente ans dans la pénitence et dans les larmes. Sainte Marthe va combattre l'erreur sur les bords du Rhône, à Tarasçon. Saint Sidoine devient plus tard le second évêque d'Aix. Les saintes Maries demeurent avec leur servante, sainte Sara, sur le rivage même de l'île, où elles construisent une cellule jointe à l'oratoire.

Cette île était alors traversée par quelques rares pêcheurs que des auteurs regardent comme des colons marseillais. La source d'eau douce les étonne, le récit de la traversée miraculeuse que font les Saintes attire leur confiance. Elles en profitent pour leur faire connaitre la religion de ce Jésus qu'elles ont tant aimé. Leurs paroles et leurs exemples, unis à l'influence intérieure de la grâce gagnent les cœurs; la plupart se soumettent bientôt aux enseignements de la foi et demandent le baptême.

Saint Trophime, nous dit la légende, qui avait été laissé à Arles par l'apôtre saint Paul, a l'occasion de visiter quelquefois ces nouveaux chrétiens et de procurer aux saintes Maries le bonheur de recevoir la sainte Eucharistie.

C'est au milieu de ces pieuses occupations,

dans la pratique de la contemplation et de la prière que les Saintes vécurent encore quelques années. Mais le moment était venu où elles allaient enfin goûter le repos, se réunir à jamais à Dieu, dans le séjour de la gloire et recevoir leur récompense.

Marie Jacobé fut avertie la première de sa fin prochaine par une inspiration divine. Elle eut la consolation de recevoir, pour la dernière fois, des mains de saint Trophime, la divine Eucharistie, au milieu des sanglots des chrétiens qu'elle avait gagnés à Jésus-Christ. Elle les exhorta à persévérer dans leur foi; elle donna à sa sœur l'assurance que leur séparation ne serait pas de longue durée; et rendit son âme à Dieu. Son corps fut recueilli par les insulaires et enseveli avec respect auprès de la fontaine miraculeuse et de l'oratoire où les fidèles avaient coutume de venir prier.

Salomé, sa sœur, ne lui survécut pas longtemps. Restée seule, avec Sara, leur servante, toutes ses pensées, toutes ses affections ne furent que pour le ciel, tous ses désirs étaient d'être bientôt réunie à sa sœur. Dieu exauça ses prières. Quelques mois s'étaient à peine écoulés qu'elle s'endormit, elle aussi, dans le Seigneur, au milieu des mêmes honneurs et des mêmes regrets. Son corps fut placé à côté de celui de Jacobé. Sara les suivit bientôt dans la tombe et fut inhumée auprès d'elles.

Et depuis dix-huit siècles, sur un rivage autrefois abandonné, reposent les dépouilles des saintes Maries. Les peuples désireux d'obtenir quelque faveur insigne ne cessent de visiter leur tombeau. Beaucoup viennent dans l'espérance d'être témoins de quelques-unes de ces merveilles dont ils entendent sans cesse parler. Il n'est pas rare que ce bonheur leur soit accordé, mais presque toujours ils obtiennent une grâce mille fois plus précieuse pour eux, celle d'une entière et éclatante conversion.

II

Courte notice sur le pèlerinage des saintes Maries Jacobé et Salomé (1)

Parmi les pèlerinages du Midi de la France, celui des Saintes-Maries, est, sans contredit, un des plus anciens. Aussi son histoire semble-t-elle offrir le plus vif intérêt. Nous allons essayer de la faire connaître, dans cette notice, et, pour plus de clarté, nous rapporterons à trois époques distinctes les faits auxquels nous toucherons.

La première comprendra une durée de dix siècles. — Elle nous montrera l'origine et

(1) Nous avons consulté avec fruit pour écrire cette notice les documents recueillis et publiés en 1848, par un érudit sulpicien qui a consacré une partie de sa vie à la recherche des origines du christianisme de Provence. *Monuments inédits sur l'apostolat de sainte Madeleine*, par l'abbé Faillon.

les progrès du pèlerinage, — ses premières épreuves en présence des barbares — et la forme spéciale de l'église que nous voyons encore aujourd'hui aux Saintes-Maries.

La seconde, qui sera la plus glorieuse pour le sanctuaire, se continuera jusqu'en 1793. Nous verrons — les divers événements qui eurent lieu aux Saintes-Maries pendant les années qui s'écoulèrent de la construction de l'église à l'invention des reliques, — l'invention des saintes reliques et les fêtes qui la suivirent, — les faveurs signalées obtenues par l'intercession des saintes Maries pendant une durée de quatre siècles.

La troisième s'ouvrira sous l'aspect affligeant de la Terreur. — Elle nous fera assister d'abord aux secondes épreuves de notre sanctuaire, — mais, à des jours de deuil et de larmes, succèderont bien vite des jours d'allégresse et de gloire. — Elle se terminera par le récit des fêtes qui chaque année amènent aux Saintes-Maries les pèlerins de la Provence et du Languedoc.

PREMIÈRE ÉPOQUE

DU Ier AU Xe SIÈCLE

CHAPITRE PREMIER

Origine et développement du pèlerinage.

Le tombeau des Saintes était à peine fermé que déjà les hommes qui, les premiers, étaient entrés en relation avec elles et s'étaient inspirés de leur tendre piété, aimèrent à venir prier auprès de leurs dépouilles mortelles. Le petit oratoire où elles avaient passé de si longues heures en adoration devant le Seigneur, leur était particulièrement cher. Ils y amenaient leurs parents, leurs proches, leurs amis : ce fut là l'origine du pèlerinage.

Les Saintes se montrèrent bientôt reconnaissantes: du haut du ciel elles regardaient avec complaisance les pieux chrétiens qui honoraient leurs reliques et se recommandaient à leur intercession ; elles obtinrent pour eux les grâces les plus abondantes.

La plage de la Camargue fut dès lors le témoin des miracles les plus étonnants. Des habitations s'élevèrent peu à peu auprès des tombeaux des Saintes qui montraient leur puissance d'une manière si éclatante. Au petit oratoire s'ajouta une église plus grande ; elle portait, dans l'histoire, le nom de Notre-Dame de la Barque : *Sancta Maria de Ratis* (1). Ce nom singulier rappelait le frêle esquif qui avait porté les saintes Maries en Provence et en perpétuait le souvenir.

Vers le milieu du VIe siècle, en 552, une communauté de religieuses vint grossir le nombre des chrétiens fervents qui formaient comme une garde d'honneur autour des reliques des saintes Maries. Saint Césaire, qui

(1) Annales massilienses.

illustrait alors le siège archiépiscopal d'Arles et dont le souvenir s'est conservé depuis, dans cette ville, par une église érigée en son honneur, avait eu, dans sa sollicitude pour le sanctuaire des Saintes-Maries, l'heureuse idée d'envoyer sur la plage privilégiée de la Camargue, des religieuses du monastère qu'il avait établi à Arles, et dont il avait confié la direction à sa sœur Césarie. Le testament de ce saint prélat contient ces paroles remarquables qui ne permettent aucun doute sur la réalité du fait (1) : « Nous donnons au monastère de nos religieuses la terre Sylvaine, dans laquelle est située l'église des Saintes-Maries de la Barque. »

Les prières, les vertus, le zèle des religieuses appelèrent, dans le sanctuaire des Saintes-Maries, des foules plus nombreuses de pèlerins ; les grâces se multiplièrent ; la dé-

(1) Le cardinal Baronius cite cet acte dans ses *Annales*, et Saxi dans son *Pontificat de l'Eglise d'Arles*, page 104.

votion envers les Saintes s'accrut de jour en jour, jusqu'au moment où il plut à la Providence de faire lever des jours d'épreuves sur cette terre où elle avait répandu, avec tant de libéralité, ses précieuses faveurs.

CHAPITRE II.

Premières épreuves du Pèlerinage.

Le VIIIe siècle venait de s'ouvrir. Les bandes sarrasines allaient envahir la Gaule (1). Partis d'Afrique, ces barbares avides de pillage et altérés de sang s'emparent de l'Espagne, remplissent ce royaume de ruines et de carnage, renversent les édifices chrétiens, égorgent les religieux ou les mettent en fuite et portent partout la désolation.

Bientôt, dans leur marche rapide, ils arrivent aux portes de la Provence. A cette nouvelle, la petite ville des Saintes-Maries, obéis-

(1) Monuments inédits. Faillon.

sant, sans doute, à une inspiration divine, cache les reliques qui font sa gloire.

Arles est saccagé, Marseille livrée au pillage, Aix dépeuplé ou par le fer des barbares, ou par la fuite de ses habitants. Les Sarrasins parcourent la Provence, pillant les églises, détruisant les autels et ne respectant aucun objet sacré. L'église des Saintes-Maries n'est pas épargnée, les religieux doivent leur salut à la terre qui les recouvre.

Pendant près de trois siècles, ces hordes féroces ne cessent de fouler aux pieds cette terre bénie; ils disparaissent pour reparaître encore. Vers l'an 950, ils subissent une honteuse défaite de la part de Conrad, mais ce n'est qu'en 972 qu'ils sont définitivement chassés de la contrée, grâce au bras valeureux de Guillaume de Provence.

Les Danois, qui étaient venus attrister par leurs attaques et leur apparition soudaine, la dernière année du grand règne de Charlemagne, avaient, eux aussi, apporté leur tribut de désolation à la petite ville des Saintes-Maries et à la terre de Provence. L'embouchure du Rhône leur avait offert une entrée dans cette contrée. Toutefois, leur présence sur les bords du fleuve et les pays environnants ne fut pas d'aussi longue durée que celle des Sarrasins. Ils avaient dû prendre la fuite à la suite d'une sanglante bataille que leur avait livrée Gérard de Roussillon (1) en 859.

Mais aux Sarrasins et aux Danois étaient encore venus s'unir des corsaires. Ceux-ci, à tout instant, infestaient la plage des Saintes-Maries, et, si leurs attaques étaient moins cruelles, elles étaient en revanche plus fréquentes et moins attendues.

A la suite de ces invasions, la petite ville des Saintes-Maries avait disparu ; il ne restait plus sur le rivage que le seul oratoire que les Saintes y avaient érigé. C'était l'œuvre de Dieu qui avait voulu arracher à une destruction complète, un monument si précieux.

(1) Annales de Bertin.

Une pieuse tradition raconte, qu'auprès de cet oratoire, vivait alors un ermite (1). Un roi d'Arles qui venait prendre quelquefois les divertissements de la chasse, dans la forêt voisine, fit sa rencontre ; il se mit à parler avec lui. L'ermite fit comprendre au roi combien les saintes Maries se réjouiraient de voir de nouveaux pèlerins venir prier dans leur oratoire. Ses paroles furent empreintes de tant d'onction que le roi résolut d'élever là une magnifique église. Quel était ce roi ? La légende ne nous en a pas conservé le nom. Les auteurs de la statistique des Bouches-du-Rhône, la plupart des archéologues (2), et notre éminent architecte, M. Révoil, ont cru voir en lui Guillaume Ier, fils de Boson Ier, comte de Provence ; ce qui ferait remonter l'époque de cette construction vers la fin du xe siècle (981).

(1) Démonstrations évangéliques, par Sébastien Michaelis, folio 72.

(2) Charles Lenormant. — *Beaux-arts et Voyages*, t. II, p. 53 et suivantes.

CHAPITRE III

Construction et forme spéciale de l'église que nous voyons encore aujourd'hui aux Saintes-Maries.

Dieu permit que la résolution si généreuse que le roi (1), dont parle la légende, venait de prendre, fut mise à exécution. Toutefois des corsaires pouvaient, à tout instant, revenir désoler la plage des Saintes-Maries; aussi donna-t-il à la nouvelle église la forme d'une forteresse.

Nous la voyons encore aujourd'hui près de l'embouchure du Grau-d'Orgon, à deux kilomètres de la rive gauche du Rhône, dans le territoire d'Arles, où elle protège et domine la plage (2). Elle est défendue par des

(1) La royale couronne des rois d'Arles, par Bouis.
(2) *Histoire des villes mortes*.... Lenthéric.

meurtrières et couronnée de créneaux. Son toit en pierres plates, et dont la pente aboutit à une galerie qui fait le tour des remparts, semble avoir été disposé pour donner à des assiégés la faculté de se défendre. Au-dessus du transept s'élève une grande tour qui était destinée à servir de refuge en cas d'attaque. Le prince fit entourer l'église d'habitations ; alors reparut la petite ville des Saintes-Maries ou Notre-Dame de la Mer, et qui aujourd'hui, par ellypse, s'appelle les Saintes. Elle retint de son ancienne origine ses armoiries. Elles consistent en une petite barque, où les deux saintes se tiennent debout, avec cette devise : *Navis in pelago*, barque sur la mer.

Si l'église des Saintes-Maries diffère, au dehors, de toutes nos autres églises du littoral, elle n'en diffère pas moins à l'intérieur. Elle se compose de trois parties : la première, où se réunissent ordinairement les fidèles, comprend le chœur aux colonnes et aux chapiteaux de marbre historiés, l'avant-chœur et la nef qui est comprise entre cinq travées insensiblement ogivales. Au centre l'on voit encore la source d'eau miraculeuse qui abreuvait les saintes Maries et qui guérit souvent les personnes mordues par des chiens enragés.

La seconde est une chapelle aérienne, située au-dessus du chœur, dédiée autrefois à l'archange saint Michel et où maintenant sont gardées les reliques des Saintes. On y arrive par un escalier fort étroit, situé sur la gauche de l'édifice.

La crypte forme la troisième partie. C'est là qu'aujourd'hui, à l'époque des pèlerinages, sainte Sara, l'humble servante qui est restée, en Camargue, la patronne légendaire des Bohémiens, reçoit d'eux un culte et un hommage d'un caractère tout à fait spécial.

Mais la construction de l'église n'était que le prélude d'une période vraiment glorieuse pour l'île de la Camargue et que nous allons décrire dans la seconde époque.

DEUXIÈME ÉPOQUE

DU Xᵉ SIÈCLE A LA TERREUR

CHAPITRE IV

De la construction de l'église à l'invention des reliques.

Une nouvelle ère de prospérité commençait pour la dévotion aux Saintes-Maries. Les pèlerinages interrompus, depuis si longtemps, allaient reprendre leurs cours. L'ordre des religieuses qui avaient été préposées, au VIᵉ siècle, à la garde de la terre des Saintes-Maries, réclama ce poste d'honneur. Elles obtinrent facilement ce qu'elles demandaient. Ce fut pour ces saintes âmes un bonheur de s'établir auprès du sanctuaire vénéré. Elles y firent revivre, par leur piété, le souvenir des vertus et de l'ardente charité des premiers apôtres de l'île.

Mais en 1061, un document authentique d'un archevêque d'Arles, Raimbaud, donne l'église des Saintes-Maries aux chanoines de cette ville. Les religieuses se retirent, et, cinq ans après, en 1066, le chapitre d'Arles, ayant peine à entretenir des prêtres pour l'église de Notre-Dame de la Mer, décide l'archevêque Aicard à y envoyer les Bénédictins de Montmajour.

Ces saints religieux répondent aux desseins de l'archevêque. Heureux d'avoir pour partage une terre si riche en souvenirs chrétiens, ils y établissent un prieuré de leur ordre et un hospice. Affables, dévoués, généreux envers les pèlerins, ils obtiennent de si heureux résultats que les papes Calixte II et Innocent III donnent des éloges à leur zèle, confirment entre leurs mains la paisible possession des Saintes-Maries et déclarent que cette terre sera désormais sous la dépendance dé l'abbaye de Montmajour.

En 1315, sous la direction des fervents religieux des Saintes-Maries, une confrérie s'organise. Le souverain Pontife l'enrichit des plus précieuses indulgences ; les membres en deviennent nombreux, et quatre siècles plus tard, en 1743, le pape Benoît XIV, heureux de constater le bien produit par cette confrérie, renouvelle les indulgences dont elle a été favorisée par ses prédécesseurs. Cette confrérie avait un règlement tout particulier. L'histoire nous a conservé un de ses articles ; le lecteur nous saura gré de le citer ici : « Les confrères porteront toute leur vie, ou pendant le temps qu'ils auront fixé, des chaînes bénites, comme aussi des colliers et des bracelets d'argent pour marquer leur attachement aux saintes Maries. »

Les pèlerins venaient alors de toutes les parties de la France, payer un tribut d'hommage aux Saintes dans le sanctuaire élevé sur leur tombeau. En 1332, un évêque de Saint-Paul de Léon, en Bretagne, visita Notre-Dame de la Mer, pour témoigner aux

Saintes sa reconnaissance, en retour d'une grâce qu'il avait obtenue par leur intercession, et composa même un hymne et un office propre qu'il récitait tous les jours en leur honneur.

Quelques années après, en 1343, un évêque de Paris fit plus encore. Informé des merveilles qui s'opéraient dans l'église des Saintes-Maries, il la visita en pèlerin, et, de retour dans son diocèse, ordonna de célébrer chaque année la fête de sainte Marie Jacobé le 25 mai, et celle de sainte Marie Salomé le 22 octobre. Il accorda, pendant cinq ans, quarante jours d'indulgence à tous ceux qui, étant véritablement repentants et contrits, prêcheraient au peuple l'histoire des Saintes, ou l'écouteraient avec une religieuse attention.

A la fin du xive siècle, la dévotion aux saintes Maries avait de si profondes racines dans les cœurs, que les chrétiens se faisaient un honneur et un devoir de doter leur sanctuaire.

C'est ainsi qu'en 1383, Louis VIII, comte de Provence, laissa, par testament, de grosses sommes à Notre-Dame de la Mer pour y célébrer des messes de fondation. Un peu plus tard (1397), Béatrix d'Aramon suivait cet exemple et léguait à la même église dix florins.

Mais nous serions trop long, si nous voulions énumérer les dons faits à cette époque à l'église des Saintes-Maries. Nous avons hâte de voir sortir les précieuses reliques de la terre qui les a protégées depuis l'invasion des barbares.

CHAPITRE V

Invention des Saintes Reliques et fêtes qui la suivirent

En 1448, René d'Anjou, comte de Provence, roi de Sicile et de Jérusalem, apprend, dans un discours prêché à Aix sur les vertus des saintes Maries, que la terre de Provence possède dans son sein leurs riches dépouilles. Par une inspiration soudaine de la grâce, il conçoit le désir de les rechercher et le dessein de les rendre, s'il le peut, à la vénération des fidèles. Il se rend lui-même à Notre-Dame de la Mer, et, avec la permission du pape Nicolas V, fait faire des fouilles, sous l'habile direction du chevalier d'Arlatan.

Rien de plus naturel de commencer par l'oratoire des Saintes que la Providence avait conservé. Au côté droit apparaît la tête d'un corps humain environné de lames de plomb. Les ouvriers creusent plus profondément et rencontrent une voûte qu'ils percent. Ils se trouvent en présence de l'appartement qui avait abrité les Saintes et qui contenait encore quelques vases de terre avec des cendres et des charbons. — Ces découvertes encouragent les recherches. Les travailleurs continuent leurs fouilles jusqu'au grand autel. Près de l'autel un petit pilier soutient une pierre de marbre ; c'était la pierre qui avait servi d'autel portatif aux disciples de Jésus : Maximin et Lazare. Malheureusement elle ne nous est pas parvenue intacte. — La tranchée s'avance ; du côté de l'Evangile reposent la tête et les ossements d'un corps humain parfaitement conservé. Il a les pieds étendus sous l'autel et les mains croisées sur la poitrine. Une odeur suave s'en exhale ; on n'en peut plus douter, c'est la dépouille d'une des deux Saintes. — Du côté de l'Epitre l'on trouve bientôt un autre corps vis-à-vis du premier, dans une position semblable et exhalant le même parfum. Les précieuses dépouilles de nos grandes Saintes sont trouvées ; elles sont rendues à l'ardente piété des fidèles. Quelle joie dans l'église de Notre-Dame de la Barque !

Les ouvriers poursuivent leurs fouilles au côté gauche de l'oratoire, et sont bientôt en présence de trois têtes d'enfants disposées en triangle. Elles formaient, avec la tête déjà trouvée au côté droit, une véritable croix. Si l'on en croit une pieuse tradition, ces trois petites têtes étaient apparemment celles de trois Innocents immolés par Hérode. La quatrième aurait été celle de saint Jacques : la tradition toutefois est moins précise pour cette dernière.

D'autres ossements furent encore le résultat des recherches actives du chevalier d'Arlatan. C'étaient les restes de sainte Sara.

Des informations canoniques furent faites (1) par le commissaire du Pape, Robert d'Amiens, archevêque d'Aix, et, le 3 décembre de la même année, la translation des reliques des Saintes se fit en grande pompe en présence du roi, de la reine, de la Cour et d'un concours immense de fidèles. — Le cardinal de Foix, légat d'Avignon, présida la cérémonie, entouré de Robert d'Amiens

(1) On conserve dans les archives de la ville des Saintes-Maries le double des diverses procédures qui eurent lieu alors.

et suivi d'un cortège nombreux d'ecclésiastiques. Enfermés dans une châsse double, faite de bois de cyprès et revêtue en dehors et en dedans d'une riche étoffe de soie(1), les corps des saintes Maries Jacobé et Salomé furent portés sur la place publique. Le Père Adhémar de l'ordre des Dominicains, qui avait eu une grande part dans la résolution de René d'Anjou, prononça devant toute l'assemblée le panégyrique des deux saintes.

(1) Le roi René n'offrit que des châsses de bois, l'état des finances ou plutôt le court espace de temps qui s'écoula depuis la découverte des saintes reliques jusqu'à leur élévation solennelle, ne lui ayant pas permis d'en faire exécuter de plus précieuses. Il semble, en effet, que l'année suivante on avait quelque dessein d'en faire de nouvelles, puisque Nicolas de Rocamaure, par son testament du 14 mai, laissa, pour l'amour de Dieu, dix florins à l'œuvre des caisses ou des reliques que l'on faisait alors ou que l'on ferait à l'honneur des saintes Maries Jacobé et Salomé de la ville des Saintes-Maries de la mer.

Archives de la ville d'Arles (Véran).

Ce fut un beau jour pour la ville des Saintes-Maries, et, pour toute la Provence, l'occasion d'un renouvellement de ferveur.

Une châsse de bois de noyer, faite avec beaucoup d'art, recueillit les quatre têtes trouvées près de l'oratoire. Elle resta longtemps dans la sacristie ; elle est aujourd'hui dans la chapelle haute.

Une caisse de bronze reçut le morceau de la pierre sacrée que le fer des ouvriers avait brisée, ainsi que les ossements de sainte Sara et les débris d'un autel en terre pétrie, qui, d'après des témoignages autorisés, avait été l'autel primitif de l'oratoire. Cette caisse, portée dans la chapelle basse que le roi René fit construire et qui est aujourd'hui la crypte, y forma un autel que quatre piliers de bronze soutiennent.

René d'Anjou fit présent à l'église de trois tableaux qu'il avait peints lui-même. L'un représentait la très-sainte Vierge ; les deux autres, les saintes Maries Jacobé et Salomé. Il donna aussi deux grands bassins d'argent qui servirent plus tard à former le reliquaire du saint Bras, exposé encore de nos jours à la vénération des fidèles. Ce prince ajouta enfin, à ces dons précieux, un grand calice en vermeil et un ornement complet d'une riche étoffe d'or et d'argent ; la plupart de ces objets sont conservés aux Saintes-Maries.

Le cardinal de Foix joignit aux dons du roi deux bassins d'argent, ornés de ses armes ; enfin une fête spéciale fut instituée pour perpétuer le souvenir de cette translation solennelle ; elle se célèbre le 2 décembre, sous le nom de Révélation des saintes reliques.

CHAPITRE VI

Faveurs signalées que les saintes Maries accordèrent à partir de cette année jusqu'à la grande Révolution.

Les pèlerins affluaient aux Saintes-Maries. De toutes parts, des chrétiens fervents venaient honorer les reliques sacrées qui avaient été si longtemps privées de tout hommage. Les faveurs obtenues se multiplièrent et devinrent si notoires qu'un évêque de Marseille, Nicolas de Braucas, chargea un prêtre d'en dresser un procès-verbal authentique, avec toutes les pièces, les preuves à l'appui et les moindres circonstances, afin de mieux en conserver le souvenir. Il n'entre pas dans notre cadre trop restreint de rappeler toutes ces faveurs ; mais il y en a deux qui nous paraissent dignes de fixer, un instant, l'attention du pieux lecteur. Nous ne saurions les passer sous silence. Nous laissons la parole à l'auteur de l'histoire des saintes Maries Jacobé et Salomé (1).

Première faveur

« L'an 1591, le 25 du mois de mai, jour de la fête de sainte Marie Jacobé, Jean Antheaume, fils d'Honoré, étant allé avec Mar-

(1) *Histoire des saintes Maries Jacobé et Salomé,* page 81.

guerite Morel, sa mère, visiter l'église des Saintes-Maries, se précipita malheureusement par une des meurtrières qui sont autour de l'église. Sa mère s'en étant aperçue, et voyant le danger de mort où était son fils par une telle chute : « Hélas ! s'écria-t-elle en s'adressant aux saintes Maries, grandes Saintes, sauvez mon enfant. » On vient au bruit qu'elle faisait par ses lamentations et ses cris et on trouva l'enfant assis à terre, sans aucun mal, quoiqu'il fût tombé de la hauteur de plus de quarante pieds. Le curé de l'église, appelé Béderride, qui accourut avec plusieurs autres personnes que la solennité avait rassemblées, voulut être peint au tableau pour attester la vérité du miracle. »

On voit encore aujourd'hui ce tableau dans l'église des Saintes. Le même auteur ajoute : « Les murailles des Saintes-Maries, couvertes de tableaux et autres monuments de la reconnaissance des fidèles, monuments dont le nombre augmente de jour en jour, sont une preuve sensible que Dieu continue d'exaucer les prières de ceux qui invoquent les Saintes avec confiance. »

Seconde faveur

« En 1596 il s'éleva dans la ville d'Arles des discussions qui ne la menaçaient rien moins que d'une ruine presqu'entière. La cause de ces troubles et les noms des auteurs ne sont pas de notre sujet. Ce que nous pouvons dire, c'est que la ville était à la veille d'éprouver de grands maux; lo que les Consuls, comme pères de la patrie, pensant à l'en préserver, eurent recours à la protection des saintes Maries. Leur espérance ne fut pas vaine. L'esprit de réunion et de paix se répandit aussitôt dans tous les cœurs, et la ville recouvra sa première tranquillité.

» Une faveur aussi grande et si promptement accordée fit que les Consuls s'empressèrent de marquer aux saintes Maries la reconnaissance que la ville leur devait, et de s'acquitter des vœux qu'ils avaient faits eux-mêmes. Ils destinèrent pour cela un célèbre morceau d'orfévrerie, représentant en relief la ville. Nos deux Saintes y paraissent debout; la religion, sous la forme d'une femme à genoux, tient à la main un guidon où est gravée cette prière: « Saintes Maries Jacobé et Salomé, intercédez pour les citoyens de la ville d'Arles. »

» Ce monument de la reconnaissance des citoyens d'Arles, fut en état d'être porté à Notre-Dame de la Mer, le 15 septembre de la même année. Les Consuls y ajoutèrent le don d'une croix en vermeil. Une confrérie d'hommes connue sous le nom de Pénitents, chargés de ces magnifiques offrandes se mit en marche le jour même. Le Chapitre de l'Eglise métropolitaine, le corps de la ville et une noblesse nombreuse formaient, dans ce pieux pèlerinage, un concours des plus édifiants.

» Ils étaient suivis d'une multitude considérable de peuple, tant de la ville que de la campagne ; le prélat du Chapitre célébra solennellement la messe, pendant laquelle les consuls offrirent leur présent ; les châsses des Saintes furent ouvertes, et, la cérémonie étant faite, on en remit les clefs aux députés de la Chambre des comptes d'Aix, envoyés à ce sujet. »

Telles étaient les faveurs signalées qui attiraient aux Saintes-Maries une foule nombreuse de pèlerins, lorsqu'une nouvelle ère d'épreuves plana de nouveau sur le sol de la Camargue.

TROISIÈME ÉPOQUE

DE LA TERREUR A NOS JOURS

CHAPITRE VII

Secondes épreuves pour le sanctuaire des Saintes Maries

L'année 1793 s'était commencée sous les plus sombres auspices. L'échafaud comptait tous les jours des victimes ; les prêtres fidèles subissaient la persécution. Les églises n'étaient plus respectées, et le sanctuaire des Saintes-Maries, malgré son isolement, ne fut pas à l'abri de la tourmente révolutionnaire.

Bientôt il devint le théâtre de nombreux sacrilèges (1). Des sectaires, partis des con-

(1) *Magdalena massiliensis advena.*

trées voisines, attirés par l'appât du pillage, pénétrèrent dans l'église des Saintes-Maries, en vrais vandales, prirent tout ce qu'elle contenait d'or, d'argent et d'objets précieux et osèrent ravir, de leurs mains impies, deux reliquaires en forme de bras qu'ils portèrent à Arles pour être convertis en numéraire.

La Providence avait, une fois de plus, veillé sur le corps des saintes Maries. Leur châsse resta encore, dans cette circonstance, sans profanation.— Mais les évènements s'aggravaient, les menaces contre la religion augmentaient à toute heure; les autels continuaient à être profanés. De nouveaux sacriléges pouvaient être réservés à l'église des Saintes-Maries.

Dans cette crainte, M. Avril, alors pasteur de la paroisse, eut le dessein de cacher les précieuses reliques. Il fit part de son projet à un de ses plus fidèles paroissiens, M. Molinier. Pendant la nuit du 22 octobre, ils enlevèrent tous deux les ossements des Saintes de leurs châsses, les enveloppèrent d'une forte toile et les cachèrent dans un hangar à côté du cimetière; la mesure était prudente.

Quelques jours après, le 10 novembre, des orgies affligeaient les églises de Paris : Notre-Dame prenait le nom de temple de la Raison, et une idole humaine remplaçait la statue de la Sainte Vierge. Le signal était donné : partout des scandales, des croix brisées, des statues de saints foulées aux pieds. De nouveaux sectaires reparaissent aux Saintes-Maries. Cette fois, rien n'échappe à leur regard; et les châsses des Saintes sont brûlées sur la place publique. Quel jour néfaste et plein d'afflictions pour les âmes dévouées aux Saintes de notre chère Provence! Mais nous ne voulons pas rappeler de trop amers souvenirs; nous préférons jeter un voile sur ces turpitudes pour décrire les jours de gloire qui consolèrent tous les cœurs.

CHAPITRE VIII

Jours de gloire pour le sanctuaire des Saintes-Maries, après ses secondes épreuves.

Pendant les premiers mois de l'année 1797, le Directoire avait porté plusieurs lois qui abolissaient la déportation des prêtres insermentés, et terminaient même leur réclusion ; la paix semblait renaitre.

Un des administrateurs du district d'Arles avait pu dérober à la profanation un des deux reliquaires ravis à Notre-Dame de la Mer. A cette époque, il fut remis, intact et parfaitement conservé, à la municipalité des Saintes-Maries. Les magistrats étaient alors dans les meilleures intentions. De concert avec M. Barrachim, curé de la paroisse, ils organisèrent une fête religieuse, et firent porter le reliquaire dans leur église avec les plus grandes démonstrations de joie.

Les scandales qui avaient désolé le sanctuaire des Saintes-Maries, commençaient ainsi à être réparés. M. Molinier vivait encore. Encouragé par cette scène touchante, et voyant la dévotion des saintes Maries en grand honneur de nouveau dans sa petite ville, il n'hésita pas à découvrir l'endroit, où, avec M. Avril, il avait caché le corps des deux Saintes. Bientôt après ils étaient retrouvés et l'allégresse était générale. Une grande fête se prépara. Mgr l'archevêque d'Aix fut invité à reconnaître l'authenticité des reliques. Quelques jours après, il arrivait aux Saintes-Maries, avec un évêque de Saint-Paul-trois-Châteaux, et, en présence de la garde nationale et des préposés de la douane, vénérait les reliques qu'il reconnut véritables. Une châsse reçut les saints corps; les fidèles les honorèrent avec les plus vifs sentiments de foi, et les pèlerinages allaient recommencer.

Une troisième fête devait faire oublier au sanctuaire des Saintes-Maries les sacrilèges de la Terreur. En 1839, une nouvelle châsse était offerte aux reliques des saintes Maries. La translation des corps se fit avec la plus grande solennité. M. Jaqueuret, grand-vicaire d'Aix, avait la première place à cette cérémonie; de nombreux pèlerins s'étaient fait un honneur d'y assister; et l'église était, dès la veille, remplie de fidèles qui entouraient avec respect les restes des Saintes bien-aimées. Les reliques furent une fois de plus reconnues authentiques. Enveloppées de soie rouge, revêtues du sceau archiépiscopal et placées dans la nouvelle châsse, elles s'élevèrent dans la chapelle haute, où elles reposent maintenant pour ne descendre qu'aux jours de fête.

Comme par le passé elles opèrent de nombreux miracles, et les pèlerins viennent souvent redire, auprès d'elles, ce cantique si populaire :

Dans un bateau sans cordage
Au naufrage
On vous exposa soudain ;
Mais de Dieu la Providence
En Provence
Vous fit trouver un chemin.

Mais c'est surtout à l'époque de leurs fêtes, qui se célèbrent le 25 mai et le 22 octobre de chaque année, que les Saintes reçoivent un témoignage éclatant de l'empressement et de la piété des fidèles. Ayant eu plusieurs fois le bonheur d'y prendre part, nous ne pouvons nous empêcher de les décrire dans cette notice.

CHAPITRE IX

Fêtes du 25 mai et du 22 octobre aux Saintes-Maries.

D'une végétation étiolée et appauvrie, l'île de la Camargue, à son extrémité du côté du midi, n'offre rien aux regards qui puisse les réjouir. C'est à peine, selon l'expression d'un auteur de nos jours(1), si, au sein de cette nature endormie et comme figée, « l'on voit s'abattre, au milieu des roseaux, des flamands aux ailes roses d'Egypte, des taureaux noirs, des chevaux sauvages de race sarrasine, qui, errant en liberté dans ces vastes solitudes, viennent boire et se baigner au rivage. »

Au mois de mai cette île prend tout à coup un aspect étrange ; des attelages de toutes sortes la traversent. Une multitude de pèlerins, accompagnés d'infirmes, de paralytiques, d'estropiés, la sillonnent. Ils viennent de tous les points de la France et du Languedoc, chanter de pieux cantiques auprès des Saintes-Maries, et implorer leur secours, au jour de l'exposition de leurs reliques sacrées.

Cette exposition a lieu le 24 mai de chaque année. La veille, dès le milieu de la journée,

(1) Henri Revoil, *Architecture romane du midi de la France*, page 30.

et surtout au moment où les teintes grises de la nuit commencent à obscurcir le ciel, toutes les rues de la petite ville sont envahies. Les maisons ne peuvent offrir l'hospitalité aux nombreux pèlerins ; la plus grande partie d'entre eux est réduite à chercher un asile dans l'église. Ils y passent la nuit en prières et y attendent avec impatience l'heureux moment où il leur sera donné d'assister à la descente des saintes châsses.

Le 24 mai, sur les quatre heures du soir, après le chant des Vêpres et la récitation des prières liturgiques, dès que le grincement des portes de la chapelle haute et le bruit des câbles qui servent à opérer la descente, se font entendre, d'innombrables cierges tenus par les assistants s'allument ; la foule s'agite, le *Magnificat* se chante avec un élan indescriptible ; des larmes abondantes coulent de tous les yeux, et les cris de : « Vivent les saintes Maries » ne cessent de résonner sous les voûtes du temple, tant que dure l'émouvante cérémonie.

Dans l'avant-chœur, tout autour de la table sur laquelle doivent reposer les reliques, non moins touchant est le spectacle. De pauvres malades, de tout âge et de toutes conditions, lèvent leurs mains amaigries vers les châsses bénies, les saisissent avec amour, les baisent de leurs lèvres blêmes, et implorent un miracle du ciel. Une clameur suppliante s'élève : « O saintes Maries, guérissez-nous. » C'est l'heure des plus vives émotions.

Le reste de la journée et la nuit suivante, le peuple monte la garde autour des saintes reliques. Le gémissement de la prière, le chant des cantiques, les supplications des infirmes se continuent ; seule, par intervalle, la parole de l'orateur sacré les interrompt.

Dès une heure du matin, dans la nuit du 24, le Saint-Sacrifice est offert sur tous les autels en même temps, grâce aux nombreux prêtres qui arrivent pour prendre part à la fête et prêter leur généreux concours à l'heureux gardien de ce sanctuaire (1). Les pèlerins se pressent en foule à la table sainte, pour recevoir le Pain des forts.

Après la grand'messe qui se chante à dix heures, une procession s'organise. Elle se déroule comme deux rubans, à travers les rues de la petite ville et vient s'étendre sur les bords de la mer. L'officiant fait baiser aux fidèles le Saint-Bras qui contient une partie des reliques. Parmi le peuple, tous se disputent l'honneur de porter et de toucher la barque sur laquelle reposent les deux statues qui représentent les grandes Saintes.

Ce n'est pas sans émotion qu'on assiste à cette démonstration enthousiaste qui rappelle le triomphe de Notre-Seigneur, à travers les rues de Jérusalem, et qui semble avoir été établie pour réparer les humiliations qu'eurent à subir les saintes Maries, au moment où elles fuyaient leur patrie, condamnées à l'exil par un peuple ingrat et

(1) M. Escombard, curé-doyen des Saintes-Maries.

cruel. Tout à coup la procession s'arrête. Du haut du piédestal de la croix qui domine la plage, un prêtre adresse à la foule des paroles d'édification. A peine a-t-il fini, tout le monde tombe à genoux, s'incline pour recevoir la bénédiction solennelle et publique du Saint-Bras: « Vivent les saintes Maries. » Tel est le cri qui retentit spontanément dans les airs. C'est la réponse de la terre aux bénédictions du ciel. La procession rentre bientôt après dans l'église.

Le soir, sur les quatre heures, quand arrive le moment des adieux, la foule attendrie entonne le cantique d'actions de grâces, en suivant d'un œil plein de larmes et d'amour les châsses qui remontent dans leur sanctuaire. Ici, comme au jour de la descente, même enthousiasme, mêmes supplications, mêmes sanglots mêlés de regrets.

Alors on voit les fidèles s'agenouiller aux pieds des saintes Maries pour terminer la neuvaine qui les a préparés à ces fêtes. Ceux qui n'ont pas eu encore le bonheur de donner la modeste cotisation qui sert au culte des Saintes, s'empressent de s'acquitter de cette dette qui est sacrée pour tous, et qui produira au centuple en les faisant participer aux plus grandes faveurs spirituelles.

Rien n'est plus touchant que ces fêtes qui portent ce cachet tout particulier de la piété vive et expansive des pays méridionaux. Elles arrachent des larmes aux cœurs les plus endurcis et les plus froids. On s'éloigne avec regret de cette terre si riche en souvenirs et en miracles. La peine des pieux pèlerins, à cette heure cruelle de la séparation, ne peut être adoucie que par l'espérance d'un prochain retour.

La fête qui se célèbre le 22 octobre s'accomplit avec la même solennité que celle du 25 mai. Toutefois, les chemins qui conduisent aux Saintes-Maries étant devenus presque impraticables à ce moment, les pèlerins sont moins nombreux. Aussi la fête est-elle plus intime et plus particulière aux habitants des Saintes-Maries. Parmi ce peuple, en général marin, tous se font un devoir de saluer en ce jour les illustres Saintes qu'ils aiment, et qu'ils regardent comme leurs gardiennes et leurs patronnes. Si l'enthousiasme n'est plus le même qu'au mois de mai, la fête y gagne en recueillement, l'âme y respire à l'aise. La prière, il est vrai, ne monte plus vers le ciel comme la grande voix du tonnerre ; c'est plutôt cette prière qui s'élève comme l'encens vers le Seigneur, suivant la parole de nos Saints Livres : *Dirigatur, Domine, oratio mea, sicut incensum in conspectu tuo* (1).

Heureuse contrée de la Provence, dirons-nous avec un pèlerin provençal (2), en finissant cette notice: « Volontiers je publierai à ta louange, ce qu'a dit de toi, à la tête de son livre, le savant auteur de l'histoire ré-

(1) *Psalt*. 140-2.

(2) *Vie des saintes Marie Jacobé et Marie Salomé*, deuxième édition revue et augmentée, par un pèlerin provençal, page 39.

cente des saintes Maries: « Il est des rivages
» favorisés du ciel, et il y a une prédestina-
» tion pour les terres, comme pour les âmes.
» Riche des biens terrestres, tu renfermes
» encore dans ton sein des trésors de grâces
» et de bénédictions célestes. Sur ton sol
» Dieu fait éclater ses merveilles. Sois donc
» noblement fière de ses dons et de ses bien-
» faits; mais montre-toi digne du choix divin
» par la vivacité de ta foi, et par ta dévotion
» pour les Saintes-Maries. »

DEUXIÈME PARTIE

I

Recueil de Prières

PRIÈRES DU MATIN.

† In nomine Patris, et Filii, et Spiritûs sancti. Amen.

† Au nom du Père, et du Fils, et du Saint-Esprit. Ainsi soit-il.

Mettons-nous en la présence de Dieu.

Veni, sancte Spiritus, reple tuorum corda fidelium, et tui amoris in eis ignem accende.

Venez, Esprit saint, remplissez les cœurs de vos fidèles serviteurs, et allumez en eux le feu sacré de votre divin amour.

Acte d'Adoration.

Mon Dieu, qui êtes ici présent, prosterné devant votre divine majesté, je vous adore comme mon souverain Seigneur, mon Créateur, mon principe et ma dernière fin.

Acte de Remerciment.

Je vous rends grâces, mon Dieu, de tous les biens que j'ai reçus de votre libérale bonté, de ce que vous m'avez donné une âme capable de vous connaître et de vous aimer, et de ce que vous m'avez racheté par le sang précieux de notre Seigneur Jésus-Christ, votre Fils, et de ce que vous m'avez nourri et conservé depuis que je suis au monde.

Acte de Contrition.

Je vous demande très-humblement pardon, mon Dieu, de tous les péchés que j'ai commis contre votre adorable majesté; j'en ai une très-grande douleur, parce que vous êtes infiniment bon, et que le péché vous déplaît; je les déteste de tout mon cœur, avec résolution de m'en corriger par le secours de votre grâce.

Acte d'Offrande.

Recevez, Seigneur, l'offrande que je vous fais aujourd'hui de moi-même, de mes sentiments, de mes paroles, de mes actions et de tout ce que je souffrirai; je désire n'agir et ne souffrir que pour votre gloire; parce que je vous aime plus que tout ce qui est au monde, et que je ne désire vivre que pour vous.

Acte de Demande.

Je vous prie, mon Dieu, de me faire la grâce de vous servir fidèlement, et d'éviter le péché, non-seulement aujourd'hui, mais pendant toute ma vie. Défendez-moi des ennemis de mon salut; garantissez-moi de toutes sortes de dangers, et bénissez toutes mes actions, par les mérites de notre Seigneur Jésus-Christ, votre Fils, par l'intercession de la sainte Vierge Marie, de mon bon Ange gardien, de mes bienheureux Patrons et de tous les Saints.

L'Oraison Dominicale.

Notre Père, qui êtes aux cieux, que votre nom soit sanctifié, que votre règne nous arrive; que votre volonté soit faite en la terre comme au ciel; donnez-nous aujourd'hui notre pain quotidien, et pardonnez-nous nos offenses, comme nous les pardonnons à ceux qui nous ont offensés, et ne nous laissez pas succomber à la tentation; mais délivrez-nous du mal.

Ainsi soit-il.

La Salutation Angélique.

Je vous salue, Marie, pleine de grâce, le Seigneur est avec vous; vous êtes bénie entre toutes les femmes, et Jésus, le fruit de vos entrailles, est béni.

Sainte Marie, Mère de Dieu, priez pour nous, pauvres pécheurs, maintenant et à l'heure de notre mort.

Ainsi soit-il.

Le Symbole des Apôtres.

Je crois en Dieu, le Père tout-puissant, Créateur du ciel et de la terre, et en Jésus-Christ, son Fils unique, notre Seigneur, qui a été conçu du Saint-Esprit, qui est né de la Vierge Marie, qui a souffert sous Ponce-Pilate, qui a été crucifié, qui est mort et a été enseveli, qui est descendu aux enfers, et le troisième jour est ressuscité des morts; qui est assis à la droite de Dieu, le Père tout-puissant, et qui de là viendra juger les vivants et les morts.

Je crois au Saint-Esprit, la sainte Eglise Catholique, la communion des Saints, la rémission des péchés, la résurrection de la chair, la vie éternelle. Ainsi soit-il.

Les Commandements de Dieu.

1. Un seul Dieu tu adoreras,
Et aimeras parfaitement.
2. Dieu en vain tu ne jureras,
Ni autre chose pareillement.
3. Les Dimanches tu garderas,
En servant Dieu dévotement.
4. Tes père et mère honoreras,
Afin de vivre longuement.
5. Homicide point ne seras,
De fait ni volontairement.
6. Luxurieux point ne seras,
De corps ni de consentement.
7. Les biens d'autrui tu ne prendras,
Ni retiendras à ton escient.
8. Faux témoignage ne diras,
Ni mentiras aucunement.
9. L'œuvre de la chair ne désireras,
Qu'en mariage seulement.
10. Biens d'autrui ne convoiteras,
Pour les avoir injustement.

Les Commandements de l'Eglise.

1. Les Dimanches messe ouïras,
Et les Fêtes pareillement.
2. Les Fêtes tu sanctifieras,
Qui te sont de commandement.

3. Tous tes péchés confesseras,
A tout le moins une fois l'an.
4. Ton Créateur tu recevras,
Au moins à Pâques humblement.
5. Quatre-Temps, vigiles, jeûneras,
Et le Carême entièrement.
6. Vendredi chair ne mangeras,
Ni le samedi mêmement.

Prière à la sainte Vierge.

SAINTE VIERGE, Mère de Dieu, ma mère et ma patronne, je me mets sous votre protection, et je me jette avec confiance dans le sein de votre miséricorde. Soyez, ô mère de bonté, mon refuge dans mes besoins, ma consolation dans mes peines, et mon avocate auprès de votre adorable Fils, aujourd'hui, tous les jours de ma vie, et particulièrement à l'heure de ma mort.

Prière à l'Ange Gardien.

Mon bon Ange, continuez-moi vos charitables soins; inspirez-moi la volonté de Dieu dans toutes les actions de cette journée, et conduisez-moi dans les voies de mon salut.

Prière au saint Patron.

Grand Saint, dont j'ai l'honneur de porter le nom, protégez-moi, priez pour moi, afin que je puisse servir Dieu comme vous sur la terre, et le glorifier éternellement avec vous dans le ciel.
Ainsi soit-il.

LITANIES DU SAINT NOM DE JÉSUS.

SEIGNEUR, ayez pitié de nous.	KYRIE, eleison.
Christ, ayez pitié de nous.	Christe, eleison
Seigneur, ayez pitié de nous.	Kyrie, eleison.
Christ, écoutez-nous.	Christe, audi nos.
Christ, exaucez-nous.	Christe, exaudi nos.
Père céleste, qui êtes Dieu, ayez pitié de nous.	Pater de cœlis, Deus, miserere nobis.
Dieu le Fils, Rédempteur du monde, ayez pitié de nous.	Fili, Redemptor mundi, Deus, miserere nobis.
Dieu le Saint-Esprit, ayez pitié de nous	Spiritus sancte, Deus, miserere nobis.
Trinité sainte, qui êtes un seul Dieu, ayez pitié de nous.	Sancta Trinitas, unus Deus, miserere nobis.
Jésus, Fils du Dieu vivant, ayez pitié.	Jesu, Fili Dei vivi, miserere nobis.
Jésus, splendeur du Père, ayez pitié.	Jesu, splendor Patris, miserere nobis.
Jésus, pureté de la lumière éternelle, ayez pitié.	Jesu, candor lucis æternæ, miserere nobis.
Jésus, roi de gloire, ayez pitié de nous.	Jesu, rex gloriæ, miserere nobis.
Jésus, soleil de justice, ayez pitié de nous.	Jesu, sol justitiæ, miserere nobis.

Jesu, Fili Mariæ Virginis, miserere nobis.

Jésus, Fils de la Vierge Marie, ayez pitié de nous.

Jesu amabilis, miserere nobis.

Jésus aimable, ayez pitié de nous.

Jesu admirabilis, miserere nobis.

Jésus admirable, ayez pitié de nous.

Jesu, Deus fortis, miserere nobis.

Jésus, Dieu fort, ayez pitié de nous.

Jesu, Pater futuri seculi, miserere nobis.

Jésus, Père du siècle à venir, ayez pitié de nous.

Jesu, magni consilii Angele, miserere nobis.

Jésus, Ange du grand conseil, ayez pitié de nous.

Jesu potentissime, miserere nobis.

Jésus très-puissant, ayez pitié de nous.

Jesu patientissime, miserere nobis.

Jésus très-patient, ayez pitié de nous.

Jesu obedientissime, miserere nobis.

Jésus très-obéissant, ayez pitié de nous.

Jesu mitis et humilis corde, miserere nobis.

Jésus doux et humble de cœur, ayez pitié de nous.

Jesu, amator castitatis, miserere nobis.

Jésus, amateur de la chasteté, ayez pitié de nous.

Jesu, amator noster, miserere nobis.

Jésus, qui nous honorez de votre amour, ayez pitié de nous.

Jesu, Deus pacis, miserere nobis.

Jésus, Dieu de paix, ayez pitié de nous.

Jesu, auctor vitæ, miserere nobis.

Jésus, auteur de la vie, ayez pitié.

Jésus, exemple des vertus, ayez pitié de nous.	Jesu, exemplar virtutum, miserere nobis.
Jésus, zélateur des âmes, ayez pitié de nous.	Jesu, zelator animarum, miserere nobis.
Jésus, notre Dieu, ayez pitié de nous.	Jesu, Deus noster, miserere nobis.
Jésus, notre refuge, ayez pitié de nous.	Jesu, refugium nostrum, miserere nobis.
Jésus, père des pauvres, ayez pitié de nous.	Jesu, pater pauperum, miserere nobis.
Jésus, trésor des fidèles, ayez pitié de nous.	Jesu, thesaurus fidelium, miserere nobis.
Jésus, bon pasteur, ayez pitié de nous.	Jesu, bone pastor, miserere nobis.
Jésus, vraie lumière, ayez pitié de nous.	Jesu, lux vera, miserere nobis.
Jésus, sagesse éternelle, ayez pitié de nous.	Jesu, sapientia æterna, miserere nobis.
Jésus, bonté infinie, ayez pitié de nous.	Jesu, bonitas infinita, miserere nobis.
Jésus, notre voie et notre vie, ayez pitié de nous.	Jesu, via et vita nostra, miserere nobis.
Jésus, la joie des Anges, ayez pitié de nous.	Jesu, gaudium Angelorum, miserere nobis.
Jésus, maître des Apôtres, ayez pitié de nous.	Jesu, magister Apostolorum, miserere nobis.
Jésus, docteur des Evangélistes, ayez pitié de nous.	Jesu, doctor Evangelistarum, miserere nobis.
Jésus, la force des Martyrs, ayez pitié de nous.	Jesu, fortitudo Martyrum, miserere nobis.

Jesu, lumen Confessorum, miserere nobis.

Jésus, la lumière des Confesseurs, ayez pitié de nous.

Jesu, puritas Virginum, miserere nobis.

Jésus, la pureté des Vierges, ayez pitié de nous.

Jesu, corona Sanctorum omnium, miserere nobis.

Jésus, la couronne de tous les Saints, ayez pitié de nous.

Propitius esto, parce nobis, Jesu.

Soyez-nous débonnaire, Jésus, pardonnez-nous nos péchés.

Propitius esto, exaudi nos, Jesu.

Soyez-nous propice, Jésus, exaucez nos prières.

Ab omni peccato, libera nos, Jesu.

De tout péché, délivrez-nous, Jésus.

Ab irâ tuâ, libera nos, Jesu.

De votre colère, délivrez-nous, Jésus.

Ab insidiis diaboli, libera nos, Jesu.

Des embûches du diable, délivrez-nous, Jésus.

A spiritu fornicationis, libera nos, Jesu.

De l'esprit de fornication, délivrez-nous.

A morte perpetuâ, libera nos, Jesu.

De la mort éternelle, délivrez-nous, Jésus.

A neglectu inspirationum tuarum, libera nos, Jesu.

Du mépris de vos divines inspirations, délivrez-nous, Jésus.

Per mysterium sanctæ incarnationis tuæ, libera nos, Jesu.

Par le mystère de votre sainte incarnation, délivrez-nous, Jésus.

Per nativitatem tuam, libera nos, Jesu.

Par votre nativité, délivrez-nous Jésus.

Per infantiam tuam, libera nos, Jesu.

Par votre enfance, délivrez-nous, Jésus.

Par votre vie toute divine, délivrez-nous.
Par vos travaux, délivrez-nous, Jésus.
Par votre agonie et par votre passion, délivrez-nous, Jésus.
Par votre croix et par votre abandonnement, délivrez-nous, Jésus.
Par vos langueurs, délivrez-nous, Jésus.
Par votre mort et par votre sépulture, délivrez-nous, Jésus.
Par votre résurrection, délivrez-nous, Jésus.
Par votre ascension, délivrez-nous, Jésus.
Par vos joies, délivrez-nous, Jésus.
Par votre gloire, délivrez-nous, Jésus.
Agneau de Dieu, qui effacez les péchés du monde, pardonnez-nous, Jésus. (*3 fois*).
Jésus, écoutez-nous.
Jésus, exaucez-nous.

Per divinissimam vitam tuam, libera nos.
Per labores tuos, libera nos, Jesu.
Per agoniam et passionem tuam, libera nos, Jesu.
Per crucem et derelictionem tuam, libera nos, Jesu.
Per languores tuos, libera nos, Jesu.
Per mortem et sepulturam tuam, libera nos, Jesu.
Per resurrectionem tuam, libera nos, Jesu.
Per ascensionem tuam, libera nos, Jesu,
Per gaudia tua, libera nos, Jesu.
Per gloriam tuam, libera nos, Jesu.
Agnus Dei, qui tollis peccata mundi, parce nobis, Jesu. (*3 fois*).
Jesu, audi nos.
Jesu, exaudi nos.

PRIONS.

O Dieu, notre Sauveur, qui avez dit : Demandez, et vous recevrez ; cherchez, et vous trouverez ; frappez à la porte, et on vous ouvrira, nous vous prions de répandre en nous la tendresse de votre divin amour, afin que nous vous aimions de tout notre cœur ; que, par notre bouche, nous répandions partout la bonne odeur de cet amour ; que nous en donnions des marques par nos œuvres, et que nous ne cessions jamais de louer votre saint Nom.

Ainsi soit-il.

PRIÈRES DU SOIR.

On fait le signe de la Croix, et on dit : Venez, Esprit saint, etc., *page 57.*

Mettons-nous en la présence de Dieu, adorons son saint Nom.

MON Dieu, qui êtes ici présent, je vous adore comme mon souverain Seigneur ; je vous remercie de ce que vous m'avez racheté au prix de votre sang, fait Chrétien et Catholique, nourri, protégé et conservé jusqu'à cette heure, nonobstant mes péchés, qui m'ont rendu indigne de recevoir ces effets de votre tendresse et de votre amour.

Prions Dieu qu'il nous fasse connaître les péchés que nous avons commis aujourd'hui, afin que nous puissions les détester.

Faites, par votre grâce, Seigneur, que je connaisse le nombre de mes péchés, et l'aversion que vous en avez, afin que je puisse les détester, en concevoir une douleur amère, et que je ne retombe pas dans mes infidélités passées.

On s'arrête ici pour examiner sa conscience... et, après avoir reconnu ses péchés, on fait l'acte de Contrition suivant :

Je me repens de tout mon cœur, ô mon Dieu, des péchés que j'ai commis contre votre bonté infinie ; je les déteste tous, parce qu'ils vous déshonorent, qu'ils vous offensent et vous déplaisent infiniment. Je vous supplie, mon Dieu, de me les pardonner ; je suis résolu de ne plus les commettre, avec le secours de votre grâce, que je vous demande très-humblement par les mérites de la Passion et de la Mort de notre Seigneur Jésus-Christ, votre Fils.

Ainsi soit-il.

Confiteor Deo, etc.

L'Oraison Dominicale.

Pater noster, qui es in cœlis, sanctificetur nomen tuum ; adveniat regnum tuum ; fiat voluntas tua, sicut in cœlo et in terrâ ; panem nostrum quotidianum da nobis hodie, et dimitte nobis debita nostra, sicut et nos dimittimus debitoribus nostris ; et ne nos inducas in tentationem, sed libera nos à malo. Amen.

La Salutation Angélique.

Ave, Maria, gratiâ plena, Dominus tecum ; benedicta tu in mulieribus, et benedictus fructus ventris tui, Jesu.

Sancta Maria, mater Dei, ora pro nobis, peccatoribus, nunc et in horâ mortis nostræ. Amen.

Le Symbole des Apôtres.

Credo in Deum Patrem omnipotentem, Creatorem cœli et terræ ; et in Jesum Christum, Filium ejus unicum, Dominum nostrum, qui conceptus est de Spiritu sancto, natus ex Maria Virgine, passus sub Pontio Pilato, crucifixus, mortuus et sepultus ; descendit ad inferos, tertia die resurrexit à mortuis ; ascendit ad cœlos, sedet ad dexteram Dei Patris omnipotentis : inde venturus est judicare vivos et mortuos.

Credo in Spiritum sanctum, sanctam Ecclesiam Catholicam, Sanctorum communionem, remissionem peccatorum, carnis resurrectionem, vitam æternam. Amen.

Recommandons-nous à Dieu, à la sainte Vierge et aux Saints.

Bénissez, ô mon Dieu, le repos que je vais prendre pour réparer mes forces, afin de vous mieux servir. Vierge sainte, Mère de mon Dieu, et après lui mon unique espérance, mon bon Ange, mon saint Patron, intercédez pour moi ; protégez-moi pendant cette nuit, tout le temps de ma vie et à l'heure de ma mort. Ainsi soit-il.

Prions pour les Vivants et pour les Fidèles trépassés.

Répandez, Seigneur, vos bénédictions sur mes parents, mes bienfaiteurs, mes amis et mes ennemis ; protégez tous ceux que vous m'avez donnés pour maîtres, tant spirituels que temporels ; secourez les pauvres, les prisonniers, les affligés, les voyageurs, les malades et les agonisants.

Dieu de bonté et de miséricorde, ayez aussi pitié

des âmes des fidèles qui sont dans le purgatoire ; mettez fin à leurs peines, et donnez à celles pour lesquelles je suis obligé de prier, le repos et la lumière éternelle.

LITANIES DE LA TRÈS-SAINTE VIERGE.

SEIGNEUR, ayez pitié de nous.	KYRIE, eleison.
Christ, ayez pitié de nous.	Christe, eleison.
Seigneur, ayez pitié de nous.	Kyrie, eleison.
Christ, écoutez-nous.	Christe, audi nos.
Christ, exaucez-nous.	Christe, exaudi nos.
Père céleste, qui êtes Dieu, ayez pitié de nous.	Pater de cœlis, Deus, miserere nobis.
Dieu le Fils, Rédempteur du monde, ayez pitié de nous.	Fili, Redemptor mundi, Deus, miserere nobis.
Dieu le Saint-Esprit, ayez pitié de nous.	Spiritus sancte, Deus, miserere nobis.
Trinité sainte, qui êtes un seul Dieu, ayez pitié de nous.	Sancta Trinitas, unus Deus, miserere nobis.
Sainte Marie, priez pour nous.	Sancta Maria, ora pro nobis.
Sainte Mère de Dieu, priez pour nous.	Sancta Dei Genitrix, ora pro nobis.
Sainte Vierge des Vierges, priez pour nous.	Sancta Virgo Virginum, ora pro nobis.

Mater Christi, ora pro nobis.	Mère de Jésus-Christ, priez pour nous.
Mater divinæ gratiæ, ora pro nobis.	Mère de la divine grâce, priez pour nous.
Mater purissima, ora pro nobis.	Mère très-pure, priez pour nous.
Mater castissima, ora pro nobis.	Mère très-chaste, priez pour nous.
Mater inviolata, ora pro nobis.	Mère sans tache, priez pour nous.
Mater intemerata, ora pro nobis.	Mère sans corruption, priez pour nous.
Mater amabilis, ora pro nobis.	Mère aimable, priez pour nous.
Mater admirabilis, ora pro nobis.	Mère admirable, priez pour nous.
Mater Creatoris, ora pro nobis.	Mère du Créateur, priez pour nous.
Mater Salvatoris, ora pro nobis.	Mère du Sauveur, priez pour nous.
Virgo prudentissima, ora pro nobis.	Vierge très-prudente, priez pour nous.
Virgo veneranda, ora pro nobis.	Vierge digne de révérence, priez pour nous.
Virgo prædicanda, ora pro nobis.	Vierge célèbre, priez pour nous.
Virgo potens, ora pro nobis.	Vierge puissante, priez pour nous
Virgo clemens, ora pro nobis.	Vierge clémente, priez pour nous.
Virgo fidelis, ora pro nobis.	Vierge fidèle, priez pour nous.
Speculum justitiæ, ora pro nobis.	Miroir de justice, priez pour nous.

Siège de sagesse, priez pour nous.	Sedes sapientiæ, ora pro nobis.
Cause de notre joie, priez pour nous.	Causa nostræ lætitiæ, ora pro nobis.
Vase spirituel, priez pour nous.	Vas spirituale, ora pro nobis.
Vase honorable, priez pour nous.	Vas honorabile, ora pro nobis.
Vase insigne de dévotion, priez pour nous.	Vas insigne devotionis, ora pro nobis.
Rose mystique, priez pour nous.	Rosa mystica, ora pro nobis.
Tour de David, priez pour nous.	Turris Davidica, ora pro nobis.
Tour d'ivoire, priez pour nous.	Turris eburnea, ora pro nobis.
Maison d'or, priez pour nous.	Domus aurea, ora pro nobis.
Arche d'alliance, priez pour nous.	Fœderis arca, ora pro nobis.
Porte du ciel, priez pour nous.	Janua cœli, ora pro nobis.
Etoile du matin, priez pour nous.	Stella matutina, ora pro nobis.
Santé des infirmes, priez pour nous.	Salus infirmorum, ora pro nobis.
Refuge des pécheurs, priez pour nous.	Refugium peccatorum, ora pro nobis.
Consolatrice des affligés, priez pour nous.	Consolatrix afflictorum, ora pro nobis.
Secours des Chrétiens, priez pour nous.	Auxilium Christianorum, ora pro nobis.
Reine des Anges, priez pour nous.	Regina Angelorum, ora pro nobis.

Regina Patriarcharum, ora pro nobis.	Reine des Patriarches, priez pour nous.
Regina Prophetarum, ora pro nobis.	Reine des Prophètes, priez pour nous.
Regina Apostolorum, ora pro nobis.	Reine des Apôtres, priez pour nous.
Regina Martyrum, ora pro nobis.	Reine des Martyrs, priez pour nous.
Regina Confessorum, ora pro nobis.	Reine des Confesseurs, priez pour nous.
Regina Virginum, ora pro nobis.	Reine des Vierges, priez pour nous.
Regina Sanctorum omnium, ora pro nobis.	Reine de tous les Saints, priez pour nous.
Regina sine labe originali concepta, ora pro n.	Reine conçue sans péché, priez pour nous.
Agnus Dei, qui tollis peccata mundi, parce nobis, Domine. (*3 fois*).	Agneau de Dieu, qui effacez les péchés du monde, pardonnez-nous, Seigneur. (*3 f.*)
Christe, audi nos.	Christ, écoutez-nous.
Christe, exaudi nos.	Christ, exaucez-nous.
V. Ora pro nobis, sancta Dei Genitrix.	V. Priez pour nous, sainte Mère de Dieu.
R. Ut digni efficiamur promissionibus Christi.	R. Afin que nous soyons rendus dignes des promesses de Jésus-Christ.

PRIONS.

Seigneur, nous vous supplions de répandre votre sainte grâce dans nos âmes, afin qu'après avoir connu par la voix de l'ange, la miraculeuse Incarnation de votre Fils Jésus-Christ, nous arrivions par sa Passion et sa croix à la gloire de sa Résurrection. Par le même J.-C. N. S.

LA SAINTE MESSE

Le Prêtre, au pied de l'autel, fait le signe de la Croix.

In nomine Patris, et Filii, et Spiritûs Sancti. Amen

Je m'approcherai de l'autel de Dieu.

Introïbo ad altare Dei.

R. Du Dieu qui remplit ma jeunesse d'une sainte joie.

R. Ad Deum qui lætificat juventutem meam.

V. Jugez-moi, Seigneur, et séparez ma cause d'avec celle de la nation qui n'est pas sainte ; délivrez-moi de l'homme injuste et trompeur.

V. Judica me Deus, et discerne causam meam de gente non sanctâ ; ab homine iniquo et doloso erue me.

R. Car vous êtes mon Dieu, vous êtes ma force, pourquoi m'avez-vous repoussé, et pourquoi marché-je dans la tristesse sous l'oppression de mon ennemi ?

R. Quia tu es Deus, fortitudo mea, quare me repulisti, et quare tristis incedo, dum affligit me inimicus ?

V. Faites luire votre lumière et votre vérité : ce sont elles qui m'ont

V. Emitte lucem tuam et veritatem tuam : ipsa me deduxerunt et adduxerunt in montem sanctum tuum et in tabernacula tua.

℟. Et introïbo ad altare Dei, ad Deum qui lætificat juventutem meam.

℣. Confitebor tibi in citharâ, Deus, Deus meus : quare tristis es, anima mea, et quare conturbas me?

℟. Spera in Deo, quoniam adhuc confitebor illi : salutare vultus mei et Deus meus.

℣. Gloria Patri, et Filio, et Spiritui sancto

℟. Sicut erat in principio, et nunc et semper, et in secula seculorum.

Amen.

conduit et introduit sur votre montagne sainte et dans vos tabernacles.

℟. Et je m'approcherai de l'autel de Dieu, du Dieu qui remplit ma jeunesse d'une sainte joie.

℣. Je chanterai vos louanges sur la harpe, ô mon Seigneur et mon Dieu : mon âme, pourquoi êtes-vous triste et pourquoi me troublez-vous?

℟. Espérez en Dieu car je lui rendrai encore des actions de grâces : il est mon Sauveur, et mon Dieu.

℣. Gloire soit au Père, et au Fils, et au Saint-Esprit.

℟. A présent et toujours, comme dès le commencement, et dans tous les siècles des siècles.

Ainsi soit-il.

La Messe ne commence ici qu'au temps de la Passion, et aux Messes des Morts.

℣. Introïbo ad altare Dei.

℣. Je m'approcherai de l'autel de Dieu.

R. Du Dieu qui remplit ma jeunesse d'une sainte joie.

R. Ad Deum qui lætificat juventutem meam.

V. Notre secours est dans le nom du Seigneur.

V. Adjutorium nostrum in nomine Domini.

R. Qui a fait le ciel et la terre.

R. Qui fecit cœlum et terram.

Le Prêtre dit le Confiteor, et le peuple répond :

Que Dieu tout-puissant vous fasse miséricorde, et qu'après vous avoir pardonné vos péchés, il vous conduise à la vie éternelle.

Misereatur tuî omnipotens Deus, et dimissis peccatis tuis perducat te ad vitam æternam.

R. Ainsi soit-il.

R. Amen.

JE confesse à Dieu tout-puissant, à la bienheureuse Marie toujours Vierge, à saint Michel Archange, à saint Jean-Baptiste, aux Apôtres saint Pierre et saint Paul, à tous les Saints, et à vous, mon Père, que j'ai beaucoup péché, par pensées, par paroles et par actions : je m'en sens coupable, je m'en avoue coupable, je m'en reconnais très-coupable : C'est pourquoi je supplie la bienheureuse Marie toujours Vierge, saint

CONFITEOR Deo omnipotenti, beatæ Mariæ semper virgini, beato Michaëli Archangelo, beato Joanni Baptistæ, sanctis Apostolis Petro et Paulo, omnibus Sanctis, et tibi, Pater, quia peccavi nimis cogitatione, verbo et opere : meâ culpâ, meâ culpâ, meâ maximâ culpâ. Ideò precor beatam Mariam semper virginem, beatum Michaëlem Archangelum, beatum Joannem Baptistam, sanctos Apostolos Petrum et Paulum, omnes Sanctos, et te, Pater, orare pro me ad Dominum Deum nostrum.

Michel Archange, saint Jean-Baptiste, les Apôtres saint Pierre et saint Paul, tous les Saints et vous, mon Père, de prier pour moi le Seigneur notre Dieu.

Le Prêtre prie pour les assistants et pour lui-même.

Misereatur vestri, omnipotens Deus, et dimissis peccatis vestris, perducat vos ad vitam æternam.

Que Dieu tout-puissant vous fasse miséricorde, et que, vous ayant pardonné vos péchés, il vous conduise à la vie éternelle.

R. Amen.

R. Ainsi soit-il.

Indulgentiam, absolutionem et remissionem peccatorum nostrorum, tribuat nobis omnipotens et misericors Dominus.

Que le Seigneur tout-puissant et miséricordieux nous accorde le pardon, l'absolution et la rémission de nos péchés.

R. Amen.

R. Ainsi soit-il.

V. Deus, tu conversus, vivificabis nos.

V. O Dieu, vous vous tournerez vers nous, et vous nous donnerez la vie.

R. Et plebs tua lætabitur in te.

R. Et votre peuple se réjouira en vous.

V. Ostende nobis, Domine, misericordiam tuam.

V. Montrez-nous, Seigneur, votre miséricorde.

R. Et salutare tuum da nobis.

R. Et donnez-nous votre salut.

v. Seigneur, écoutez ma prière.
R. Et que mes cris s'élèvent jusqu'à vous.
v. Le Seigneur soit avec vous.
R. Et avec votre esprit.

v. Domine, exaudi orationem meam.
R. Et clamor meus ad te veniat.
v. Dominus vobiscum.
R. Et cum spiritu tuo.

Le Prêtre montant à l'Autel, dit :

SEIGNEUR, effacez, s'il vous plaît, nos péchés, afin que nous approchions du Saint des Saints avec une entière pureté de cœur : Par J.-C. N. S.

Le Prêtre baisant l'autel, dit :

Nous vous prions, Seigneur, par les mérites des saints dont les reliques sont ici, et de tous les saints, de daigner nous pardonner nos péchés.
Ainsi soit-il.

Après l'Introït, le Prêtre et les assistants disent trois fois alternativement.

Seigneur, ayez pitié de n.
Christ, ayez pitié de n.
Seigneur, ayez pitié de n.

GLOIRE à Dieu dans le ciel, et paix sur la terre aux hommes de bonne volonté. Nous vous louons. Nous vous bénissons. Nous vous adorons. Nous vous glorifions. Nous vous rendons grâces dans la vue

Kyrie, eleison.
Christe, eleison.
Kyrie, eleison.

GLORIA in excelsis Deo, et in terrâ pax hominibus bonæ voluntatis. Laudamus te. Benedicimus te. Adoramus te. Glorificamus te. Gratias agimus tibi propter magnam gloriam tuam. Domine Deus, Rex cœlestis, Deus, Pater omnipotens; Domine Fili unigenite, Jesu Christe, Domine Deus. Agnus Dei; Filius Patris, qui tollis peccata mundi, miserere nobis. Qui tollis peccata mundi, suscipe deprecationem nostram. Qui sedes ad dexteram Patris, miserere nobis. Quoniam tu solus Sanctus, tu solus Dominus, tu solus Altissimus, Jesu Christe, cum sancto Spiritu, in gloriâ Dei Patris. Amen.

de votre gloire infinie. O Seigneur Dieu, roi du Ciel, ô Dieu, Père tout-puissant; Seigneur, Fils unique de Dieu, J.-C.; Seigneur Dieu, Agneau de Dieu, Fils du Père; vous qui effacez les péchés du monde, ayez pitié de nous. Vous qui effacez les péchés du monde, recevez notre prière; vous qui êtes assis à la droite du Père, ayez pitié de nous; car vous êtes le seul Saint, le seul Seigneur, le seul Très-Haut, ô Jésus-Christ! avec le Saint-Esprit, dans la gloire de Dieu le Père. Ainsi soit-il.

V. Dominus vobiscum.

R. Et cum spiritu tuo.

V. Le Seigneur soit avec vous.

R. Et avec votre esprit.

ORAISON.

Mon Seigneur Jésus-Christ, permettez que je m'unisse aujourd'hui à toute l'Eglise qui est assemblée pour vous prier, et que je vous demande avec elle tout ce qu'elle vous demande par vos mérites et en votre nom, qui est béni dans tous les siècles; recevez, s'il vous plaît, les prières que l'Eglise votre épouse vous fait pour nous, et accordez-nous les grâces et les vertus qu'elle vous demande en notre faveur ; et, si nous ne méritons pas d'être exaucés, du moins accordez-les-nous par les mérites et le sang de votre Fils Jésus-Christ.

Ensuite on dit l'Epitre, le Graduel, etc.

ORAISON.

Mon Seigneur et mon Dieu, qui m'avez appelé par votre seule miséricorde et bonté, à la véritable Religion, faites que je vous écoute lorsque vous me parlez par vos saints Prophètes et par vos Apôtres, et qu'après avoir conçu les vérités que vous nous enseignez, je soumette mon esprit et j'ouvre mon cœur pour en faire la règle de ma vie, et que je puisse dire plus de cœur que de bouche : Seigneur, nous ferons, par votre grâce tout ce que vous nous commandez, et nous obéirons à votre sainte loi. Vous qui vivez et régnez dans tous les siècles des siècles. Ainsi soit-il.

Avant l'Evangile, le Prêtre dit :

Purifiez mon cœur et mes lèvres, ô Dieu tout-puissant, qui avez purifié les lèvres du prophète Isaïe avec un charbon ardent, et qu'il vous plaise me purifier de telle sorte que je puisse annoncer dignement votre saint Evangile : Par J.-C. N. S.

Bénissez-moi, Seigneur.

Que le Seigneur soit dans mon cœur et sur mes lèvres, afin que j'annonce dignement son saint Evangile. Ainsi soit-il.

v. Le Seigneur soit avec vous.	v. Dominus vobiscum.
R. Et avec votre esprit.	R. Et cum spiritu tuo.

Initium, vel sequentia sancti Evangelii secundum N.

℟. Gloria tibi, Domine.

Commencement, ou suite du saint Evangile selon saint N.

℟. Gloire vous soit rendue, ô Seigneur.

Pendant l'Evangile.

DIVIN Jésus, qui avez converti tant de milliers d'âmes par la prédication de votre Evangile, et qui les avez rendues dociles et attentives à votre divine parole, faites-moi la grâce que je vous écoute avec une humble docilité, un profond respect et avec un désir ardent d'accomplir tout ce que vous commandez; ne permettez pas que je rougisse de votre Evangile, mais qu'il vous plaise de me donner la grâce et la force de professer de bouche ce que je crois dans le cœur.

A la fin de l'Evangile.

℟. Louanges à vous, ô Jésus-Christ.

℟. Laus tibi, Christe.

Après l'Evangile.

Que nos péchés soient effacés par les paroles du saint Evangile. Ainsi soit-il.

CREDO in unum Deum, Patrem omnipotentem, factorem cœli et terræ, visibilium omnium et invisibilium; Et in unum Dominum Jesum Christum, Filium Dei unigenitum. Et ex Patre na-

JE crois en un seul Dieu, Père tout-puissant, qui a fait le ciel et la terre, et toutes les choses visibles et invisibles, et en un seul Seigneur, J.-C., Fils unique de Dieu, et né du Père avant tous les siècles; Dieu de Dieu, lumière de lumière, vrai Dieu de vrai Dieu ; qui n'a pas été fait, mais engendré ; consubstantiel au Père, par qui tout a été fait; qui est descendu des cieux pour nous autres hommes et pour notre salut ; qui s'est incarné en prenant un corps dans le sein de la Vierge Marie par l'opération du St-Esprit. ET QUI S'EST FAIT HOMME ; qui a été crucifié pour nous sous Ponce-Pilate ; qui a souffert, et qui a été mis au tombeau ; qui est ressuscité le troisième jour, selon les Ecritures; qui est monté au ciel, où il est assis à la droite du Père ; qui viendra de nouveau, plein de gloire, pour juger les vivants et les morts, et dont le règne n'aura point de fin. Je crois au Saint-Esprit, qui est aussi Seigneur, et qui donne la vie ; qui procède du Père et du Fils ; qui est adoré et

tum ante omnia sæcula ; Deum de Deo, lumen de lumine, Deum verum de Deo vero ; Genitum, non factum, consubstantialem Patri, per quem omnia facta sunt; qui propter nos homines et propter nostram salutem descendit de cœlis. Et incarnatus est de Spiritu sancto ex Mariâ Virgine, ET HOMO FACTUS EST. Crucifixus etiam pro nobis sub Pontio Pilato, passus et sepultus est. Et resurrexit tertiâ die, secundum Scripturas : Et ascendit in cœlum, sedet ad dexteram Patris : et iterum venturus est cum gloriâ judicare vivos et mortuos ; cujus regni non erit finis. Et in Spiritum sanctum Dominum, et vivificantem, qui ex Patre Filioque procedit ; Qui cum Patre et Filio simul adoratur et conglorificatur ; qui locutus est per Prophetas. Et unam, sanctam, catholicam et apostolicam Ecclesiam. Confiteor unum Baptisma in remissionem peccatorum. Et expecto resurrectionem mortuorum, Et vitam venturi seculi.

Amen.

v. Dominus vobiscum,

R. Et cum spiritu tuo.

glorifié conjointement avec le Père et le Fils; qui a parlé par les Prophètes. Je crois l'Eglise, qui est une, sainte, catholique et apostolique. Je confesse un Baptême pour la rémission des péchés. J'attends la résurrection des morts et la vie du siècle à venir.

Ainsi soit-il.

v. Le Seigneur soit avec vous,

R. Et avec votre esprit.

APRÈS L'OFFERTOIRE.

Oblation de l'Hostie.

RECEVEZ, ô Père saint, Dieu tout-puissant et éternel, cette hostie sans tache que je vous offre, tout indigne que je suis de ce ministère, comme à mon Dieu vivant et véritable, pour mes péchés, mes offenses et mes négligences qui sont sans nombre, et pour tous les assistants; je vous l'offre aussi pour tous les fidèles Chrétiens vivants et morts afin qu'elle soit pour eux et pour moi un gage du salut éternel.

Le Prêtre met le vin et l'eau dans le calice.

O DIEU, qui, par un miracle de votre toute-puissance, avez créé l'homme dans un si noble état, et qui l'avez rétabli dans sa dignité par une plus grande merveille, faites-nous la grâce, par le mystère de cette eau et de ce vin, d'avoir un jour part à la divinité de celui qui a daigné se revêtir de notre humanité. Par N. S. Jésus-Christ, votre Fils: Qui étant Dieu, etc.

Oblation du Calice.

SEIGNEUR, nous vous offrons le calice du salut, suppliant votre bonté de le faire monter en odeur de suavité, en présence de votre divine majesté, pour notre salut et celui de tout le monde. Ainsi soit-il.

Nous nous présentons devant vous, Seigneur, avec un esprit d'humilité et un cœur contrit ; recevez-nous, et faites que notre sacrifice s'accomplisse aujourd'hui devant vous d'une manière qui vous le rende agréable, ô Seigneur notre Dieu. Venez, Sanctificateur tout-puissant, Dieu éternel, et bénissez ce sacrifice préparé pour la gloire de votre saint nom.

Le Prêtre lave ses doigts.

JE laverai mes mains avec les justes, et je m'approcherai de votre autel, Seigneur, afin d'entendre publier vos louanges et raconter vos merveilles. Seigneur, j'ai aimé la beauté de votre maison et le lieu où réside votre gloire. O Dieu, ne perdez pas mon âme avec les impies, et ma vie avec les hommes de sang; ils ont les mains remplies d'injustices, et la droite, pleine de présents. Pour moi, j'ai marché dans l'innocence, délivrez-moi, et ayez pitié de moi. Mon pied est demeuré ferme dans la voie droite ; je vous bénirai, Seigneur, dans les assemblées. Gloire soit au Père, et au Fils, et au Saint-Esprit.

Le Prêtre s'incline, et dit :

RECEVEZ, ô Trinité sainte, cette oblation que nous vous offrons en mémoire de la Passion, de la Résurrection et de l'Ascension de J.-C. N. S., et en l'honneur de la bienheureuse Marie, toujours Vierge, de saint Jean-Baptiste, des Apôtres saint Pierre et saint Paul ; de ceux dont les reliques sont ici, et de tous les autres Saints, afin qu'elle soit à leur honneur et pour notre salut, et qu'ainsi ceux dont nous faisons mémoire sur la terre daignent intercéder pour nous dans le ciel : Par le même J.-C. N. S.

Le Prêtre baise l'autel, et dit :

Priez, mes frères, que mon sacrifice, qui est aussi le vôtre, soit agréable à Dieu le Père tout-puissant.

R. Suscipiat Dominus hoc sacrificium de manibus tuis, ad laudem et gloriam nominis sui, ad utilitatem quoque nostram, totiusque Ecclesiæ suæ sanctæ.	R. Que le Seigneur reçoive par vos mains ce sacrifice pour l'honneur et la gloire de son nom, pour notre utilité particulière et pour le bien de toute son Église sainte.

Le Prêtre dit : *Amen* et la *Secrète*.

PRÉFACE ORDINAIRE.

Per omnia secula seculorum.	Dans tous les siècles des siècles.
R. Amen.	R. Ainsi soit-il.
V. Dominus vobiscum.	V. Le Seigneur soit avec vous.
R. Et cum spiritu tuo.	R. Et avec votre esprit.

v. Elevez vos cœurs.

R. Nous les tenons élevés vers le Seigneur.

v. Rendons grâce au Seigneur notre Dieu.

R. Il est bien juste et raisonnable.

Il est véritablement juste, il est équitable et salutaire de vous rendre grâces en tout temps et en tout lieu, ô Seigneur, Père saint, Dieu tout-puissant et éternel; c'est par J.-C. N. S. que les Anges louent votre majesté, que les Dominations l'adorent, que les Puissances la craignent et la révèrent, et que les Cieux, les Vertus des Cieux et les bienheureux Séraphins célèbrent ensemble votre gloire avec des transports de joie. Nous vous prions de recevoir nos voix que nous unissons avec les leurs, pour chanter avec eux, prosternés devant vous :

Saint, Saint, Saint est le Seigneur Dieu des armées. Votre gloire remplit le ciel et la terre.

v. Sursum corda.

R. Habemus ad Dominum.

v. Gratias agamus Domino Deo nostro.

R. Dignum et justum est.

Verè dignum et justum est, æquum et salutare nos tibi semper et ubique gratias agere, Domine sancte, Pater omnipotens, æterne Deus, per Christum Dominum nostrum; per quem Majestatem tuam laudant Angeli, adorant Dominationes, tremunt Potestates : Cœli cœlorumque Virtutes, ac beata Seraphim socia exultatione concelebrant. Cum quibus et nostras voces ut admitti jubeas deprecamur, supplici confessione dicentes :

Sanctus, Sanctus, Sanctus Dominus Deus Sabaoth. Pleni sunt cœli et terra gloriâ tuâ. Hosanna in excelsis.

Benedictus qui venit in nomine Domini. Hosanna in excelsis.

Hosanna, salut et gloire au plus haut des cieux.

Béni soit celui qui vient au nom du Seigneur. Salut et gloire au plus haut des cieux.

LE CANON DE LA MESSE.

Le prêtre ayant élevé ses mains et les ayant jointes, s'incline en disant :

NOUS vous supplions donc, Père très-miséricordieux, et nous vous demandons, par J.-C. N. S., votre Fils, d'agréer et de bénir ces dons, ces présents, ces saints sacrifices sans tache, que nous vous offrons pour votre sainte Eglise catholique, afin qu'il vous plaise de lui donner la paix, de la garder, de la maintenir dans l'union, et de la gouverpar toute la terre, avec N. notre Pape, votre serviteur ; notre prélat N , notre Roi N. et tous les orthodoxes et observateurs de la foi catholique et apostolique.

MÉMOIRE DES VIVANTS.

SOUVENEZ-VOUS, Seigneur, de vos serviteurs et de vos servantes N. et N., et de tous ceux qui assistent à ce sacrifice, dont vous connaissez la foi et la piété, pour qui nous vous offrons ou qui vous offrent ce sacrifice de louange pour eux-mêmes et pour tous ceux qui leur appartiennent, pour la rédemption de leurs âmes, pour l'espérance de leur salut et de leur conservation, et qui vous rendent leurs vœux comme au Dieu éternel, vivant et véritable.

Participant à une même communion, et honorant la mémoire, en premier lieu, de la glorieuse Vierge Marie, Mère de J.-C., notre Dieu et notre Seigneur, de vos bienheureux Apôtres et Martyrs Pierre et Paul, André, Jacques, Jean, Thomas, Jacques, Philippe, Barthélemy, Mathieu, Simon, Thadée, Lin, Clet, Clément, Xiste, Corneille, Cyprien, Laurent, Chrysogone, Jean et Paul, Côme et Damien, et de tous vos Saints, aux mérites et prières desquels nous vous prions de nous accorder, en toutes choses, les secours de votre protection : Par J.-C. N. S. Ainsi soit-il.

Nous vous prions donc, Seigneur, de recevoir favorablement cette offrande de notre servitude, qui est aussi celle de votre famille ; de nous faire jouir de votre paix pendant nos jours, et de faire qu'étant préservés de la damnation éternelle, nous soyons comptés au nombre de vos élus : Par J.-C. N. S.

Nous vous prions, ô Dieu ! de bénir sans réserve cette offrande, l'agréer, l'accepter comme une hostie digne de vous plaire, en sorte qu'elle devienne pour nous le corps et le sang de J.-C., votre très-cher Fils, notre Seigneur, qui la veille de sa Passion, prit du pain entre ses mains saintes et vénérables, et levant les yeux au ciel vers vous, ô Dieu son Père tout-puissant, vous rendant grâces, le bénit, le rompit, et le donna à ses Disciples, leur disant : Prenez et mangez-en tous : CAR CECI EST MON CORPS. De même, après qu'il eût soupé, prenant aussi cet excellent calice entre ses mains saintes et vénérables, et vous rendant pareillement grâces, il le bénit, et le donna pareillement à ses disciples, disant : Prenez et buvez-en tous, CAR CECI EST LE CALICE DE MON SANG, DU NOUVEAU

ET ÉTERNEL TESTAMENT (MYSTÈRE DE FOI), QUI SERA RÉPANDU POUR VOUS, ET POUR PLUSIEURS, POUR LA RÉMISSION DES PÉCHÉS. Toutes les fois que vous ferez ces choses, faites-les en mémoire de moi.

C'est pour cela que nous, qui sommes vos serviteurs, et avec nous votre peuple saint, faisant mémoire de la Passion de votre même Fils J.-C. N. S., de sa Résurrection en sortant du tombeau victorieux de l'enfer, et de son Ascension glorieuse au ciel, nous offrons à votre incomparable majesté les dons que vous nous avez faits, l'hostie pure, l'hostie sainte, l'hostie sans tache, le pain sacré de la vie immortelle et le calice du salut éternel.

Sur lesquelles il vous plaise de jeter un regard doux et favorable, et de les avoir pour agréables, comme il vous a plu d'agréer les dons du juste Abel votre serviteur, et le sacrifice d'Abraham votre Patriarche, et le sacrifice saint, et l'hostie sans tache que vous a offerte votre Grand-Prêtre Melchisedech.

Nous vous supplions, ô Dieu tout-puissant, de commander que ces dons soient portés à votre autel sublime en présence de votre divine majesté, par les mains de votre saint Ange, afin que tous tant que nous sommes ici, qui, participant à cet autel, aurons reçu le saint et sacré corps et sang de votre Fils, nous soyons remplis de toutes les bénédictions et grâces célestes : Par le même J.-C. Ainsi soit-il.

MÉMOIRE DES MORTS.

SOUVENEZ-VOUS aussi, Seigneur, de vos serviteurs et de vos servantes N. N., qui nous ont précédés avec le signe de la foi, et qui dorment du sommeil de la paix. Nous vous supplions, Seigneur, de leur donner, et à tous ceux qui reposent en J.-C., un lieu de rafraîchissement, de lumière et de paix : Par le même J.-C. N. S.

Ainsi soit-il.

Pour nous pécheurs, vos serviteurs, qui espérons en votre grande miséricorde, daignez nous donner part et société avec vos saints Apôtres et Martyrs, avec Jean, Etienne, Mathias, Barnabé, Ignace, Alexandre, Marcelin, Pierre, Félicité, Perpétue, Agathe, Luce, Agnès, Cécile, Anastasie, et avec tous vos saints, dans la compagnie desquels nous vous prions de nous recevoir, non en considérant nos mérites, mais en nous faisant grâce : par J.-C. N. S., par lequel vous produisez toujours, Seigneur, vous sanctifiez, vous vivifiez, vous bénissez et vous donnez tous ces biens. Que par lui, avec lui et en lui tout honneur et toute gloire vous soient rendus, ô Dieu, Père tout-puissant, en l'unité du Saint-Esprit.

Par tous les siècles des siècles.

℟. Ainsi soit-il.

Per omnia secula seculorum.

℟. Amen.

ORAISON.

Avertis par les commandements salutaires de J.-C., et suivant la règle divine qu'il nous a donnée, nous os[ons] dire :

OREMUS.

Præceptis salutaribus moniti, et divinâ institutione formati, audemus dicere :

NOTRE Père, [q]ui êtes dans les cieux, que

PATER noster, qui es in cœlis : sanctificetur

nomen tuum ; adveniat regnum tuum ; fiat voluntas tua, sicut in cœlo et in terrâ ; panem nostrum quotidianum da nobis hodiè, et dimitte nobis debita nostra, sicut et nos dimittimus debitoribus nostris ; et ne nos inducas in tentationem ;

votre nom soit sanctifié ; que votre royaume arrive ; que votre volonté soit faite en la terre comme au ciel : donnez-nous aujourd'hui notre pain de chaque jour, et pardonnez-nous nos offenses, comme nous pardonnons à ceux qui nous ont offensés ; et ne nous laissez point tomber en tentation ;

R. Sed libera nos à malo. Amen.

R. Mais délivrez-nous du mal. Ainsi soit-il.

DÉLIVREZ-NOUS, Seigneur, s'il vous plaît, de tous les maux passés, présents et à venir, donnez-nous, par votre bonté, la paix en nos jours, par l'intercession de la bienheureuse Marie, toujours Vierge, mère de Dieu, et de vos bienheureux Apôtres, Pierre, Paul et André, et de tous les Saints, afin qu'étant assistés du secours de votre miséricorde, nous soyens toujours affranchis de l'esclavage du péché et de toute crainte d'aucun trouble. Par le même N. S. J.-C. votre Fils, qui étant Dieu, vit et règne avec vous en l'unité du Saint-Esprit.

V. Per omnia secula seculorum.

V. Par tous les siècles des siècles.

R. Amen.

R. Ainsi soit-il.

V. Pax Domini sit semper vobiscum.

V. Que la paix du Seigneur soit toujours avec vous.

R. Et cum spiritu tuo.

R. Et avec votre esprit.

Le Prêtre mêle dans le Calice une petite partie de l'Hostie qu'il a rompue en trois, et dit :

QUE ce mélange et cette consécration du Corps et du Sang de N. S. J.-C, que nous allons recevoir, nous procure la vie éternelle. Ainsi soit-il.

Agneau de Dieu qui effacez les péchés du monde, ayez pitié de n.

Agneau de Dieu, qui effacez les péchés du monde, ayez pitié de n.

Agneau de Dieu, qui effacez les péchés du monde, donnez-nous la paix.

Agnus Dei, qui tollis peccata mundi, miserere nobis.

Agnus Dei, qui tollis peccata mundi, miserere nobis.

Agnus Dei, qui tollis peccata mundi, dona nobis pacem.

Aux Messes de Morts, au lieu de dire *Miserere nobis*, Ayez pitié de nous, on dit : *Dona eis requiem*, donnez le repos aux fidèles trépassés ; et au lieu de *Dona nobis pacem ;* Donnez-nous la paix, on dit : *Dona eis requiem sempiternam*, Donnez-leur le repos éternel.

SEIGNEUR Jésus-Christ, qui avez dit à vos Apôtres : Je vous laisse la paix, je vous donne ma paix : n'ayez point égard à mes péchés, mais à la foi de votre Eglise, et donnez-lui la paix et l'union que vous désirez qu'elle ait : Vous qui étant Dieu, vivez et régnez, etc. Ainsi soit-il.

Seigneur Jésus-Christ, Fils du Dieu vivant, qui, par la volonté du Père et la coopération du Saint-Esprit, avez donné, par votre mort, la vie au monde, délivrez-moi, par votre saint et sacré corps et sang ici présents, de tous mes péchés et de tous les autres maux : faites que je demeure toujours attaché à vos commandements, et ne permettez pas que je me sépare jamais de vous : Qui, étant Dieu, vivez et régnez avec le Père et le Saint-Esprit, etc.

Seigneur Jésus-Christ, que la participation de votre corps que j'ose recevoir, tout indigne que j'en suis, ne tourne point à mon jugement et à ma condamnation ; mais que, par votre bonté, elle serve à la défense de mon âme et de mon corps, et qu'elle soit de tous mes maux le remède salutaire : Vous qui, étant Dieu, vivez et régnez, etc.

Je prendrai le pain céleste, et j'invoquerai le nom du Seigneur.

Le Prêtre, avant de communier, dit trois fois :

Domine, non sum dignus ut intres sub tectum meum ; sed tantùm dic verbum, et sanabitur anima mea.

Seigneur, je ne suis pas digne que vous entriez dans ma maison ; mais dites seulement une parole, et mon âme sera guérie.

Que le corps de N. S. J.-C. garde mon âme pour la vie éternelle. Ainsi soit-il.

Après avoir Communié.

Que rendrai-je au Seigneur pour tous les biens qu'il m'a faits ? Je prendrai le calice du salut, et j'invoquerai le nom du Seigneur ; j'invoquerai le Seigneur en chantant ses louanges, et je serai délivré de mes ennemis.

Faites, Seigneur, que nous conservions dans un cœur pur le Sacrement que notre bouche a reçu, et que le don qui nous a été fait dans le temps, nous soit un remède pour l'éternité. Que votre corps que j'ai reçu, ô Seigneur, que votre sang que j'ai bu, s'attachent à mes entrailles, et faites, qu'après avoir été nourri par des Sacrements si purs et si saints, il ne demeure en moi aucune souillure du péché : accordez-moi cette grâce, Seigneur, qui vivez et régnez dans tous les siècles des siècles. Ainsi soit-il.

Si l'on n'a pas le bonheur de Communier.

QUE je participe du moins spirituellement, ô mon Dieu, à la réception de votre corps ; laissez-moi, comme la Chananéenne, ramasser quelques miettes de votre sainte table, afin que je sois guéri de mes infirmités.

Après la Postcommunion.

v. Que le Seigneur soit avec vous.	v. Dominus vobiscum.
R. Et avec votre esprit.	R. Et cum spiritu tuo.
v. Allez, la Messe est dite ; OU : Bénissons le Seigneur.	v. Ite, Missa est, OU : Benedicamus Domino.
R. Rendons grâces à Dieu.	R. Deo gratias.

Aux Messes des Morts.

v. Qu'ils reposent en paix.	v. Requiescant in pace.
R. Ainsi soit-il.	R. Amen.

Recevez favorablement, ô Trinité sainte, l'hommage et l'aveu de ma parfaite dépendance ; ayez pour agréable le sacrifice que j'ai offert à votre majesté, tout indigne que j'en suis, faites qu'il soit un sacrifice de propitiation pour moi et pour tous ceux pour qui je l'ai offert : Par notre Seigneur Jésus-Christ.

Ainsi soit-il.

Le Prêtre, se tournant vers le peuple, dit :

v. Benedicat vos omnipotens Deus, Pater, et Filius, et Spiritus sanctus.

v. Que Dieu tout-puissant, le Père, le Fils et le Saint-Esprit, vous bénisse.

R. Amen.

R. Ainsi soit-il.

v. Dominus vobiscum,

v. Que le Seigneur soit avec vous,

R. Et cum spiritu tuo.

R. Et avec votre esprit.

v. Initium sancti Evangelii secundum Joannem.

v. Commencement du saint Evangile selon S. Jean.

R. Gloria tibi, Domine.

R. Gloire vous soit rendue, Seigneur.

Evangile selon saint Jean.

In principio erat Verbum, et Verbum erat apud Deum, et Deus erat Verbum; hoc erat in principio apud Deum. Omnia per ipsum facta sunt, et sinè ipso factum est nihil quod factum est. In ipso vita erat lux hominum; et lux in tenebris lucet, et tenebræ eam non comprehenderunt. Fuit homo missus à Deo, cui nomen erat Joannes: hic venit in testimonium ut testimonium perhiberet de

Au commencement était le Verbe, et le Verbe était avec Dieu, et le Verbe était Dieu. Il était au commencement avec Dieu. Toutes choses ont été faites par lui, et rien de ce qui a été fait n'a été fait sans lui. Dans lui était la vie, et la vie était la lumière des hommes, et la lumière luit dans les ténèbres, et les ténèbres ne l'ont point comprise. Il y eut un homme envoyé de Dieu, qui s'appelait Jean. Il vint pour servir de témoin et rendre témoignage à la lumière, afin que tous crussent par lui. Il n'était pas la lumière; mais il était venu pour rendre témoignage à celui qui était la lumière. C'était la lumière véritable qui éclaire tout homme venant en ce monde. Il était dans le monde, et le monde a été fait par lui, et le monde ne l'a point connu. Il est venu chez lui et les siens ne l'ont point reçu, mais il a donné le pouvoir d'être faits enfants de Dieu à tous ceux qui l'ont reçu, à ceux qui croient en son nom, qui ne sont pas nés du sang, ni de la volonté de la chair, ni de la volonté de l'homme, mais de Dieu même: Et le Verbe a été fait chair, et il a habité parmi nous et nous avons vu sa gloire, sa gloire, dis-je, comme du Fils unique du Père éternel, étant plein de grâce et de vérité.

lumine: ut omnes crederent per illum. Non erat ille lux: sed ut testimonium perhiberet de lumine: erat lux vera quæ illuminat omnem hominem venientem in hunc mundum. In mundo erat, et mundus per ipsum factus est, et mundus eum non cognovit; in propria venit, et sui eum non receperunt. Quotquot autem receperunt eum, dedit eis potestatem filios Dei fieri, his qui credunt in nomine ejus, qui non ex sanguinibus, neque ex voluntate carnis; neque ex voluntate viri; sed ex Deo nati sunt: Et Verbum caro factum est, et habitavit in nobis; et vidimus gloriam ejus, gloriam quasi unigeniti à Patre, plenum gratiæ et veritatis.

R. Deo gratias. R. Rendons grâces à Dieu.

Après le dernier Evangile, on remercie Dieu :

SEIGNEUR, donnez-moi de l'amour pour votre loi, et apprenez-moi à marcher dans la voie de vos commandements, que je connaisse votre volonté, et que je repasse dans mon esprit, avec attention et respect, tant de bienfaits que j'ai reçus de votre libéralité, et la bonté par laquelle vous voulez bien me rendre participant de vos mystères que j'adore, et dont je vous rends de très-humbles actions de grâces.

Ainsi soit-il.

PRIÈRES POUR LA SAINTE COMMUNION.

AVANT LA COMMUNION.

Acte de Foi.

DIEU du ciel et de la terre, Sauveur des hommes, vous venez à moi, et j'aurai le bonheur de vous recevoir ! Qui pourrait croire un semblable prodige, si vous ne l'aviez dit vous-même ! Oui, Seigneur, je crois que c'est vous-même que je vais recevoir dans ce Sacrement, vous-même qui, étant né dans une crèche, avez voulu mourir pour moi sur la Croix, et qui, tout glorieux que vous êtes dans le ciel, ne laissez pas d'être caché sous ces espèces adorables.

Je le crois, mon Dieu, et je m'en tiens plus assuré que si je le voyais de mes propres yeux. Je le crois, parce que vous l'avez dit, et que j'adore votre sainte parole. Je le crois; et, malgré ce que mes sens et ma raison peuvent me dire, je renonce à mes sens et à ma raison, pour me captiver sous l'obéissance de la foi. Je le crois; et, s'il fallait souffrir mille morts pour la confession de cette vérité, aidé de votre grâce, ô mon Dieu, je les souffrirais plutôt que de démentir sur ce point ma croyance et ma religion.

Acte d'Humilité.

Qui suis-je, ô Dieu de gloire et de majesté ? qui suis-je, pour que vous daigniez jeter les yeux sur moi. D'où me vient cet excès de bonheur, que mon Seigneur et mon Dieu veuille venir à moi? Moi pécheur, moi ver de terre, moi plus méprisable que le néant, approcher d'un Dieu aussi saint ! manger le pain des Anges ! me nourrir d'une chair divine !... Ah ! Seigneur, je ne le mérite pas ; je n'en serai jamais digne.

Roi du ciel, Auteur et conservateur du monde, Monarque universel, je m'anéantis devant vous, et je voudrais pouvoir m'humilier aussi profondément pour votre gloire que vous vous abaissez dans ce Sacrement pour l'amour de moi. Je reconnais, avec toute l'humilité possible, votre souveraine grandeur et mon extrême bassesse. La vue de l'une et de l'autre me jette dans une confusion que je ne puis exprimer, ô mon Dieu. Je dirai seulement, avec une humble sincérité, que je suis très-indigne de la grâce que vous daignez me faire aujourd'hui.

Vous venez à moi, Dieu de bonté et de miséricorde ! Hélas ! mes péchés devraient bien plutôt vous en éloigner ; mais je les désavoue en votre présence, ô mon Dieu. Sensible au déplaisir qu'ils vous ont causé, touché de votre infinie bonté, résolu sincèrement de ne plus les commettre, je les déteste de tout mon cœur, et vous en demande très-humblement pardon. Pardonnez-les-moi, mon Père, mon aimable Père, puisque vous m'aimez encore jusqu'à permettre que je m'approche aujourd'hui de vous ; pardonnez-les-moi.

Je suis déjà lavé, comme je l'espère, par le Sacrement de pénitence ; mais lavez-moi, Seigneur, encore davantage ; purifiez-moi des moindres souillures ; créez en moi un cœur nouveau, et renouvelez jusqu'au fond de mes entrailles cet esprit d'innocence qui me met en état de vous recevoir dignement.

Acte d'Espérance.

Vous venez à moi, divin Sauveur des âmes : que ne dois-je pas espérer de vous ? que ne dois-je pas attendre de celui qui se donne entièrement à moi ?

Je me présente donc à vous, ô mon Dieu, avec toute la confiance que m'inspirent votre puissance infinie et votre infinie bonté. Vous connaissez tous mes besoins, vous pouvez les soulager, vous le voulez, vous m'invitez d'aller à vous, vous me promettez de me secourir. Eh bien ! mon Dieu, me voici : je viens sur votre parole, je me présente à vous avec toutes mes faiblesses, mon aveuglement et mes misères, et j'espère que vous me fortifierez, que vous m'éclairerez, que vous me soulagerez, que vous me changerez.

Je l'espère sans crainte d'être trompé dans mon espérance; car n'êtes-vous pas, ô mon Dieu, le maître de mon cœur ? Et quand mon cœur sera-t-il plus absolument à votre disposition que quand vous y serez une fois entré?

Acte de désir.

Est-il donc possible, ô Dieu de bonté, que vous veniez à moi, et que vous y veniez avec un désir infini de m'unir à vous ? Oh ! venez, le bien-aimé de mon cœur; venez, Agneau de Dieu ; chair adorable, sang précieux de mon Sauveur, venez servir de nourriture à mon âme. Que je vous voie, ô le Dieu de mon cœur, ma joie, mes délices, mon amour, mon tout, mon Dieu !

Qui me donnera des ailes pour voler vers vous ? Mon âme, éloignée de vous, incapable d'être remplie de vous, languit sans vous, vous souhaite avec ardeur, et soupire après vous, ô mon Dieu, mon unique bien, ma consolation, ma douceur, mon trésor, mon bonheur et ma vie, mon Dieu et mon tout !

Venez donc, aimable Jésus, et, quelque indigne que je sois de vous recevoir, dites seulement une parole, et je serai purifié. Mon cœur est prêt, et, s'il ne l'était pas, d'un seul de vos regards vous pouvez le préparer, l'attendrir, l'enflammer. Venez, Seigneur Jésus, venez.

APRÈS LA COMMUNION.

Acte d'Adoration.

Adorable majesté de mon Dieu, devant qui tout ce qu'il y a de plus grand dans le ciel et sur la terre se reconnait indigne de paraître, que puis-je faire ici en votre présence, si ce n'est de me taire, et de vous honorer dans le profond anéantissement de mon âme ?

Je vous adore, ô Dieu saint ; je rends mes justes hommages à cette grandeur suprême devant laquelle tout genou fléchit, en comparaison de laquelle toute puissance n'est que faiblesse, toute prospérité, que misère, et les plus éclatantes lumières, que ténèbres épaisses.

A vous seul, grand Dieu, Roi des siècles, Dieu immortel, à vous seul appartient tout honneur et toute gloire. Gloire, honneur, salut et bénédiction à Celui qui vient au nom du Seigneur ! Béni soit le Fils éternel du Très-Haut, qui daigne s'unir aujourd'hui si intimement à moi, et prendre possession de mon cœur.

Acte d'Amour.

J'ai donc enfin le bonheur de vous posséder, ô Dieu d'amour ! Quelle bonté ! Que ne puis-je y répondre ! Que ne suis-je tout cœur pour vous aimer, pour vous aimer autant que vous êtes aimable, et pour n'aimer que vous ! Embrasez-moi, mon Dieu ; brûlez, consumez mon cœur de votre amour. Mon bien-aimé est à moi, Jésus, l'aimable Jésus se donne à moi.... Anges du ciel, Mère de mon Dieu, Saints du ciel et de la terre, prêtez-moi vos cœurs, donnez-moi votre amour pour aimer mon aimable Jésus.

Oui, je vous aime, ô le Dieu de mon cœur ! je vous aime de toute mon âme ; je vous aime souverainement ; je vous aime pour l'amour de vous, et avec une ferme résolution de n'aimer jamais que vous. Je le jure, je le proteste ; mais assurez-vous-même, ô mon Dieu, ces saintes résolutions dans mon cœur qui est présentement à vous.

Acte de remerciment.

Quelles actions de grâces, ô mon Dieu, pourront égaler la faveur que vous me faites aujourd'hui? Non content de m'avoir aimé jusqu'à mourir pour moi, Dieu de bonté, vous daignez encore venir en personne m'honorer de votre visite, et vous donner à moi ! O mon âme, glorifie le Seigneur ton Dieu, reconnais sa bonté, exalte sa magnificence, publie éternellement sa miséricorde! c'est avec un cœur attendri et plein de reconnaissance, ô mon doux Sauveur, que je vous remercie de la grande grâce que vous daignez me faire. J'ai été un infidèle, un lâche, un prévaricateur; mais je ne veux pas être un ingrat. Je veux me souvenir éternellement qu'aujourd'hui vous vous êtes donné à moi, et marquer, par toute la suite de ma vie, les obligations excessives que je vous ai, ô mon Dieu, en me donnant parfaitement à vous.

Acte de Demande.

Vous êtes en moi, source inépuisable de tous biens; vous y êtes plein de tendresse pour moi, les mains pleines de grâces, et prêt à les répandre dans mon cœur. Dieu bon, libéral et magnifique, répandez-les avec profusion; voyez mes besoins, voyez votre pouvoir. Faites en moi ce pour quoi vous y venez, ôtez ce qui vous déplaît en moi; mettez-y ce qui peut me rendre agréable à vos yeux. Purifiez mon cœur, sanctifiez mon âme, appliquez-moi les mérites de votre vie et de votre mort; unissez-vous à moi, chaste Époux des âmes;

unissez-moi à vous, vivez en moi, afin que je vive en vous, et à jamais pour vous.

Faites en moi, aimable Sauveur, ce pour quoi vous y venez ; accordez-moi les grâces que vous savez m'être nécessaires. Accordez les mêmes grâces à tous ceux et celles pour qui je suis obligé de prier. Pourriez-vous, mon aimable Sauveur, me refuser quelque chose, après la grâce que vous me faites aujourd'hui de vous donner vous-même à moi ?

Acte d'Offrande.

Vous me comblez de vos dons, Dieu de miséricorde, et, en vous donnant à moi, vous voulez que je ne vive plus que pour vous. C'est aussi, ô mon Dieu, le plus grand de tous mes désirs, que d'être entièrement à vous. Oui, je veux que tout ce que j'aurai désormais de pensées, tout ce que je formerai ou exécuterai de desseins, soit dans l'ordre de la parfaite soumission que je vous dois.

Je veux que tout ce qui dépend de moi, santé, forces, esprit, talents, crédit, biens, réputation, ne soit employé que pour les intérêts de votre gloire. Assujettissez-vous donc, ô Roi de mon cœur, toutes les puissances de mon âme : régnez absolument sur ma volonté, je la soumets à la vôtre. Après la faveur dont vous m'honorez, je ne souffrirai pas qu'il y ait rien dans moi qui ne soit parfaitement à vous.

Acte de bon propos.

O le plus patient et le plus généreux de tous les amis ! qu'est-ce qui pourrait désormais me séparer de vous ? Je renonce de tout mon cœur à ce qui m'en avait éloigné jusqu'ici, et je me propose, avec le secours de votre grâce, de ne plus retomber dans mes fautes passées.

Ainsi donc, ô mon Dieu, plus de pensées, de désirs, de paroles ou d'actions, qui soient le moins du monde contraires à la pudeur ou à la charité; plus d'impatience, de jurements, de mensonges, de querelles, de médisances ; plus d'omissions dans mes devoirs, ni de langueurs dans votre service ; plus de liaisons sensibles, ni d'amitiés naturelles; plus d'attache à mes sentiments, ni à mes commodités; plus de délicatesse sur les mépris et sur les discours des hommes ; plus de passion pour l'estime et l'attention du monde. Plutôt mourir, ô mon Dieu, plutôt expirer ici devant vous que de jamais vous déplaire.

Vous êtes au milieu de mon cœur, divin Jésus ; c'est en votre présence que je conçois ces résolutions, afin que vous les confirmiez, et que votre adorable Sacrement, que je viens de recevoir, soit comme le sceau qu'il ne me soit jamais permis de violer. Confirmez donc, ô Dieu de bonté, le désir que j'ai d'être uniquement à vous, et de ne plus vivre que pour votre gloire.

Ainsi soit-il.

LE DIMANCHE A VÊPRES.

Pseaume 109.

DIXIT Dominus Domino meo : * Sede à dextris meis.

Donec ponam inimicos tuos : * scabellum pedum tuorum.

Virgam virtutis tuæ emittet Dominus ex Sion : * dominare in medio inimicorum tuorum.

Tecum principium in die virtutis tuæ, in splendoribus sanctorum : * ex utero ante luciferum genui te.

Juravit Dominus, et non pœnitebit eum : * Tu es Sacerdos in æternum, secundum ordinem Melchisedech.

Dominus à dextris tuis : * confregit in die iræ suæ reges.

LE Seigneur a dit à mon Seigneur : Asseyez-vous à ma droite.

Et je réduirai vos ennemis à vous servir de marchepied

Le Seigneur fera sortir de Sion le sceptre de votre règne ; dominez au milieu de vos ennemis.

Vous serez reconnu pour roi au jour de votre force, lorsque vous paraîtrez dans l'éclat et dans la splendeur de votre sainteté : je vous ai engendré de mon sein avant l'étoile du matin.

Le Seigneur a juré, et son serment a demeuré immuable : Vous êtes le Prêtre éternel, selon l'ordre de Melchisédech.

Le Seigneur est à votre droite ; il frappera les rois au jour de sa colère.

Il jugera les nations et les détruira ; il brisera sur la terre la tête de plusieurs.

Judicabit in nationibus, implebit ruinas ; * conquassabit capita in terrâ multorum.

Il boira dans le chemin de l'eau du torrent, et c'est par-là qu'il élèvera sa tête.

De torrente in viâ bibet ; * propterea exaltabit caput.

ANT. Le Seigneur a dit à mon Seigneur : Asseyez-vous à ma droite.

ANT. Dixit Dominus Domino meo : * Sede à dextris meis.

Psaume 110.

SEIGNEUR, je vous louerai de tout mon cœur dans les assemblées particulières et publiques des justes.

CONFITEBOR tibi, Domine, in toto corde meo, * in concilio justorum et congregatione.

Les ouvrages du Seigneur sont grands, et toujours proportionnés à ses desseins.

Magna opera Domini, * exquisita in omnes voluntates ejus.

Tous ses ouvrages publient ses louanges et sa magnificence ; et sa justice est éternelle.

Confessio et magnificentia opus ejus, * et justitia ejus manet in seculum seculi.

Le Seigneur, plein de bonté et de miséricorde, a éternisé la mémoire de ses merveilles, il a donné la nourriture à ceux qui le craignent.

Memoriam fecit mirabilium suorum misericors et miserator Dominus ; * escam dedit timentibus se.

Il se souviendra dans

Memor erit in seculum

testamenti sui; * virtutem operum suorum annuntiabit populo suo.

tous les siècles de son alliance; il montrera à son peuple sa toute-puissance dans ses œuvres.

Ut det illis hæreditatem gentium: * opera manuum ejus veritas et judicium.

En leur donnant l'héritage des nations: sa vérité et sa justice éclatent dans les ouvrages de ses mains.

Fidelia omnia mandata ejus, confirmata in sæculum sæculi; * facta in veritate et æquitate.

Toutes ses ordonnances sont inviolables; elles sont immuables dans tous les siècles; elles sont fondées sur la vérité et sur l'équité.

Redemptionem misit populo suo: * mandavit in æternum testamentum suum.

Il a envoyé à son peuple un Sauveur pour le racheter; il a rendu son alliance éternelle.

Sanctum et terribile nomen ejus: * initium sapientiæ timor Domini.

Son nom est saint et redoutable; la crainte du Seigneur est le commencement de la sagesse.

Intellectus bonus omnibus facientibus eum: * laudatio ejus manet in sæculum sæculi.

Tous ceux qui font ce que cette crainte prescrit ont la vraie intelligence; la louange du Seigneur subsistera dans toute l'éternité.

Ant. Fidelia omnia mandata ejus: * confirmata in sæculum sæculi.

Ant. Toutes ses ordonnances sont inviolables; elles sont immuables dans tous les siècles.

Psaume 111.

HEUREUX celui qui craint le Seigneur ; il prendra un souverain plaisir à observer ses commandements.

Sa postérité sera puissante sur la terre ; la race des justes sera comblée de bénédictions.

La gloire et la richesse seront dans sa maison, et sa justice demeurera éternellement.

La lumière se lève au milieu des ténèbres sur ceux qui ont le cœur droit, le Seigneur est clément, miséricordieux et juste.

Heureux celui qui donne et qui prête ; il règlera ses discours selon la justice, il ne sera jamais ébranlé.

La mémoire du juste sera éternelle; quelque mal qu'on lui annonce, il ne craindra pas.

Son cœur est toujours disposé à espérer au Seigneur ; il est inébranla-

BEATUS vir qui timet Dominum; * in mandatis ejus volet nimis.

Potens in terrâ erit semen ejus ; * generatio rectorum benedicetur.

Gloria et divitiæ in domo ejus, * et justitia ejus manet in seculum seculi.

Exortum est in tenebris lumen rectis ; * misericors, et miserator, et justus.

Jucundus homo qui miseretur et commodat, disponet sermones suos in judicio ; * quia in æternum non commovebitur.

In memoriâ æternâ erit justus ; * ab auditione malâ non timebit.

Paratum cor ejus sperare in Domino, confirmatum est cor ejus ; *

non commovebitur donec despiciat inimicos suos.

Dispersit, dedit pauperibus; justitia ejus manet in seculum seculi, * cornu ejus exaltabitur in gloriâ.

Peccator videbit et irascetur; dentibus suis fremet, et tabescet: * desiderium peccatorum peribit.

ANT. In mandata ejus cupit nimis.

ble; il attend avec confiance que Dieu le venge de ses ennemis.

Il répand libéralement ses dons sur les pauvres; sa justice demeure éternellement, et il sera élevé en gloire.

Le méchant le verra, et il frémira de colère; il grincera des dents, et séchera de dépit; mais le désir des pécheurs périra.

ANT. Celui qui craint le Seigneur met toute son affection dans ses commandements.

Psaume 112.

LAUDATE, pueri, Dominum; * laudate nomen Domini.

Sit nomen Domini benedictum, * ex hoc nunc et usque in seculum.

A solis ortu usque ad occasum, * laudabile nomen Domini.

Excelsus super omnes

LOUEZ le Seigneur, vous qui êtes ses serviteurs; louez le nom du Seigneur.

Que le nom du Seigneur soit béni, maintenant et dans toute l'éternité.

Le nom du Seigneur mérite d'être loué depuis l'orient jusqu'à l'occident.

Le Seigneur est élevé

au-dessus des nations ; sa gloire est au-dessus des cieux.

gentes Dominus, * et super cœlos gloria ejus.

Qui est semblable au Seigneur notre Dieu, qui habite dans un lieu si haut, et qui regarde ce qu'il y a de plus bas dans le ciel et sur la terre ?

Quis sicut Dominus Deus noster, qui in altis habitat * et humilia respicit in cœlo et in terrâ ?

Qui tire l'indigent de la poussière, et relève le pauvre de dessus le fumier,

Suscitans à terrâ inopem, * et de stercore erigens pauperem,

Pour le placer avec les princes, avec les princes de son peuple.

Ut collocet eum cum principibus, * cum principibus populi sui.

Qui donne à celle qui était stérile la joie de se voir mère de plusieurs enfants.

Qui habitare facit sterilem in domo, * matrem filiorum lætantem.

Ant. Que le nom du Seigneur soit béni dans l'éternité.

Ant. Sit nomen Domini benedictum in secula.

Psaume 113.

Lorsque Israël sortit de l'Egypte, et la maison de Jacob d'un peuple étranger.

In exitu Israël de Ægypto, * domus Jacob de populo barbaro.

Juda fut consacré au service du Seigneur, et Israël devint son domaine.

Facta est Judæa sanctificatio ejus, * Israël potestas ejus.

Mare vidit et fugit, Jordanis conversus est retrorsùm.

La mer le vit et elle s'enfuit ; le Jourdain remonta vers sa source.

Montes exultaverunt ut arietes, * et colles, sicut agni ovium.

Les montagnes sautèrent comme des béliers, et les collines, comme des agneaux.

Quid est tibi, mare, quòd fugisti ? * et tu, Jordanis, quia conversus es retrorsùm ?

O mer, pourquoi fuyais-tu ? et toi, Jourdain, pourquoi remontais-tu vers ta source.

Montes exultastis sicut arietes ? * et colles, sicut agni ovium ?

Montagnes, pourquoi sautiez-vous comme des béliers ? et vous, collines, comme des agneaux.

A facie Domini mota est terra, * à facie Dei Jacob.

La terre a tremblé à la vue du Seigneur, à la vue du Dieu de Jacob.

Qui convertit petram in stagna aquarum, * et rupem in fontes aquarum.

Qui changea la pierre en des torrents d'eau ; et le rocher, en fontaines abondantes.

Non nobis, Domine, non nobis, * sed nomini tuo da gloriam, super misericordiâ tuâ et veritate tuâ.

Ne nous donnez point de gloire, Seigneur, ne nous en donnez point ; donnez-la seulement à votre nom, à cause de votre miséricorde ; et de votre fidélité dans vos promesses.

Nequandò dicant gentes : Ubi est Deus eorum :

Que les nations ne disent donc plus : Où est leur Dieu ?

Deus autem noster in

Car notre Dieu est

dans le ciel ; il a fait tout ce qu'il a voulu.

cœlo, * omnia quæcumque voluit, fecit.

Les idoles des nations ne sont que de l'or et de l'argent, l'ouvrage de la main des hommes.

Simulacra gentium argentum et aurum, * opera manuum hominum.

Elles ont une bouche, et ne parlent point; elles ont des yeux, et ne voient point.

Os habent, et non loquentur ; * oculos habent ; et non videbunt.

Elles ont des oreilles, et n'entendent point ; elles ont des narines, et ne sentent rien.

Aures habent, et non audient ; * nares habent, et non odorabunt.

Elles ont des mains, et ne touchent point ; elles ont des pieds, et ne marchent point ; leur gosier ne peut proférer le moindre son.

Manus habent, et non palpabunt ; pedes habent, et non ambulabunt ; * non clamabunt in gutture suo.

Que ceux qui les font leur deviennent semblables, et tous ceux qui mettent en elles leur confiance.

Similes illis fiant faciunt ea, * et qui confidunt in eis.

La maison d'Israël a espéré au Seigneur ; il est son secours et son protecteur.

Domus Israël speravit in Domino ; * adjutor eorum et protector eorum est.

La maison d'Aaron a espéré au Seigneur ; il est son secours et son protecteur.

Domus Aaron in Domino ; * eorum et protector est.

Ceux qui craignent le

Qui timent Dominum

AHIER RELIE EN DOUBLE DE LA PAGE 97
LA PAGE 112

R. Deo gratias. | R. Rendons grâces à Dieu.

Après le dernier Evangile, on remercie Dieu :

SEIGNEUR, donnez-moi de l'amour pour votre loi, et apprenez-moi à marcher dans la voie de vos commandements, que je connaisse votre volonté, et que je repasse dans mon esprit, avec attention et respect, tant de bienfaits que j'ai reçus de votre libéralité, et la bonté par laquelle vous voulez bien me rendre participant de vos mystères que j'adore, et dont je vous rends de très-humbles actions de grâces.

Ainsi soit-il.

PRIÈRES POUR LA SAINTE COMMUNION.

AVANT LA COMMUNION.

Acte de Foi.

DIEU du ciel et de la terre, Sauveur des hommes, vous venez à moi, et j'aurai le bonheur de vous recevoir ! Qui pourrait croire un semblable prodige, si vous ne l'aviez dit vous-même ! Oui, Seigneur, je crois que c'est vous-même que je vais recevoir dans ce Sacrement, vous-même qui, étant né dans une crèche, avez voulu mourir pour moi sur la Croix, et qui, tout glorieux que vous êtes dans le ciel, ne laissez pas d'être caché sous ces espèces adorables.

Je le crois, mon Dieu, et je m'en tiens plus assuré que si je le voyais de mes propres yeux. Je le crois, parce que vous l'avez dit, et que j'adore votre sainte parole. Je le crois ; et, malgré ce que mes sens et ma raison peuvent me dire, je renonce à mes sens et à ma raison, pour me captiver sous l'obéissance de la foi. Je le crois ; et, s'il fallait souffrir mille morts pour la confession de cette vérité, aidé de votre grâce, ô mon Dieu, je les souffrirais plutôt que de démentir sur ce point ma croyance et ma religion.

Acte d'Humilité.

Qui suis-je, ô Dieu de gloire et de majesté ? qui suis-je, pour que vous daigniez jeter les yeux sur moi. D'où me vient cet excès de bonheur, que mon Seigneur et mon Dieu veuille venir à moi ? Moi pécheur, moi ver de terre, moi plus méprisable que le néant, approcher d'un Dieu aussi saint ! manger le pain des Anges ! me nourrir d'une chair divine !... Ah ! Seigneur, je ne le mérite pas ; je n'en serai jamais digne.

Roi du ciel, Auteur et conservateur du monde, Monarque universel, je m'anéantis devant vous, et je voudrais pouvoir m'humilier aussi profondément pour votre gloire que vous vous abaissez dans ce Sacrement pour l'amour de moi. Je reconnais, avec toute l'humilité possible, votre souveraine grandeur et mon extrême bassesse. La vue de l'une et de l'autre me jette dans une confusion que je ne puis exprimer, ô mon Dieu. Je dirai seulement, avec une humble sincérité, que je suis très-indigne de la grâce que vous daignez me faire aujourd'hui.

Vous venez à moi, Dieu de bonté et de miséricorde! Hélas! mes péchés devraient bien plutôt vous en éloigner; mais je les désavoue en votre présence, ô mon Dieu. Sensible au déplaisir qu'ils vous ont causé, touché de votre infinie bonté, résolu sincèrement de ne plus les commettre, je les déteste de tout mon cœur, et vous en demande très-humblement pardon. Pardonnez-les-moi, mon Père, mon aimable Père, puisque vous m'aimez encore jusqu'à permettre que je m'approche aujourd'hui de vous; pardonnez-les-moi.

Je suis déjà lavé, comme je l'espère, par le Sacrement de pénitence; mais lavez-moi, Seigneur, encore davantage; purifiez-moi des moindres souillures; créez en moi un cœur nouveau, et renouvelez jusqu'au fond de mes entrailles cet esprit d'innocence qui me met en état de vous recevoir dignement.

Acte d'Espérance.

Vous venez à moi, divin Sauveur des âmes: que ne dois-je pas espérer de vous? que ne dois-je pas attendre de celui qui se donne entièrement à moi?

Je me présente donc à vous, ô mon Dieu, avec toute la confiance que m'inspirent votre puissance infinie et votre infinie bonté. Vous connaissez tous mes besoins, vous pouvez les soulager, vous le voulez, vous m'invitez d'aller à vous, vous me promettez de me secourir. Eh bien! mon Dieu, me voici: je viens sur votre parole, je me présente à vous avec toutes mes faiblesses, mon aveuglement et mes misères, et j'espère que vous me fortifierez, que vous m'éclairerez, que vous me soulagerez, que vous me changerez.

Je l'espère sans crainte d'être trompé dans mon espérance; car n'êtes-vous pas, ô mon Dieu, le maître de mon cœur ? Et quand mon cœur sera-t-il plus absolument à votre disposition que quand vous y serez une fois entré?

Acte de désir.

Est-il donc possible, ô Dieu de bonté, que vous veniez à moi, et que vous y veniez avec un désir infini de m'unir à vous ? Oh ! venez, le bien-aimé de mon cœur; venez, Agneau de Dieu ; chair adorable, sang précieux de mon Sauveur, venez servir de nourriture à mon âme. Que je vous voie, ô le Dieu de mon cœur, ma joie, mes délices, mon amour, mon tout, mon Dieu !

Qui me donnera des ailes pour voler vers vous ? Mon âme, éloignée de vous, incapable d'être remplie de vous, languit sans vous, vous souhaite avec ardeur, et soupire après vous, ô mon Dieu, mon unique bien, ma consolation, ma douceur, mon trésor, mon bonheur et ma vie, mon Dieu et mon tout !

Venez donc, aimable Jésus, et, quelque indigne que je sois de vous recevoir, dites seulement une parole, et je serai purifié. Mon cœur est prêt, et, s'il ne l'était pas, d'un seul de vos regards vous pouvez le préparer, l'attendrir, l'enflammer. Venez, Seigneur Jésus, venez.

APRÈS LA COMMUNION.

Acte d'Adoration.

Adorable majesté de mon Dieu, devant qui tout ce qu'il y a de plus grand dans le ciel et sur la terre se reconnaît indigne de paraître, que puis-je faire ici en votre présence, si ce n'est de me taire, et de vous honorer dans le profond anéantissement de mon âme?

Je vous adore, ô Dieu saint ; je rends mes justes hommages à cette grandeur suprême devant laquelle tout genou fléchit, en comparaison de laquelle toute puissance n'est que faiblesse, toute prospérité, que misère, et les plus éclatantes lumières, que ténèbres épaisses.

A vous seul, grand Dieu, Roi des siècles, Dieu immortel, à vous seul appartient tout honneur et toute gloire. Gloire, honneur, salut et bénédiction à Celui qui vient au nom du Seigneur ! Béni soit le Fils éternel du Très-Haut, qui daigne s'unir aujourd'hui si intimement à moi, et prendre possession de mon cœur.

Acte d'Amour.

J'ai donc enfin le bonheur de vous posséder, ô Dieu d'amour ! Quelle bonté ! Que ne puis-je y répondre ! Que ne suis-je tout cœur pour vous aimer, pour vous aimer autant que vous êtes aimable, et pour n'aimer que vous ! Embrassez-moi, mon Dieu ; brûlez, consumez mon cœur de votre amour. Mon bien-aimé est à moi, Jésus, l'aimable Jésus se donne à moi.... Anges du ciel, Mère de mon Dieu, Saints du ciel et de la terre, prêtez-moi vos cœurs, donnez-moi votre amour pour aimer mon aimable Jésus.

Oui, je vous aime, ô le Dieu de mon cœur ! je vous aime de toute mon âme ; je vous aime souverainement ; je vous aime pour l'amour de vous, et avec une ferme résolution de n'aimer jamais que vous. Je le jure, je le proteste ; mais assurez-vous-même, ô mon Dieu, ces saintes résolutions dans mon cœur qui est présentement à vous.

Acte de remerciement.

Quelles actions de grâces, ô mon Dieu, pourront égaler la faveur que vous me faites aujourd'hui? Non content de m'avoir aimé jusqu'à mourir pour moi, Dieu de bonté, vous daignez encore venir en personne m'honorer de votre visite, et vous donner à moi ! O mon âme, glorifie le Seigneur ton Dieu, reconnais sa bonté, exalte sa magnificence, publie éternellement sa miséricorde! c'est avec un cœur attendri et plein de reconnaissance, ô mon doux Sauveur, que je vous remercie de la grande grâce que vous daignez me faire. J'ai été un infidèle, un lâche, un prévaricateur; mais je ne veux pas être un ingrat. Je veux me souvenir éternellement qu'aujourd'hui vous vous êtes donné à moi, et marquer, par toute la suite de ma vie, les obligations excessives que je vous ai, ô mon Dieu, en me donnant parfaitement à vous.

Acte de Demande.

Vous êtes en moi, source inépuisable de tous biens; vous y êtes plein de tendresse pour moi, les mains pleines de grâces, et prêt à les répandre dans mon cœur. Dieu bon, libéral et magnifique, répandez-les avec profusion; voyez mes besoins, voyez votre pouvoir. Faites en moi ce pour quoi vous y venez, ôtez ce qui vous déplaît en moi; mettez-y ce qui peut me rendre agréable à vos yeux. Purifiez mon cœur, sanctifiez mon âme, appliquez-moi les mérites de votre vie et de votre mort; unissez-vous à moi, chaste Epoux des âmes;

unissez-moi à vous, vivez en moi, afin que je vive en vous, et à jamais pour vous.

Faites en moi, aimable Sauveur, ce pour quoi vous y venez ; accordez-moi les grâces que vous savez m'être nécessaires. Accordez les mêmes grâces à tous ceux et celles pour qui je suis obligé de prier. Pourriez-vous, mon aimable Sauveur, me refuser quelque chose, après la grâce que vous me faites aujourd'hui de vous donner vous-même à moi?

Acte d'Offrande.

Vous me comblez de vos dons, Dieu de miséricorde, et, en vous donnant à moi, vous voulez que je ne vive plus que pour vous. C'est aussi, ô mon Dieu, le plus grand de tous mes désirs, que d'être entièrement à vous. Oui, je veux que tout ce que j'aurai désormais de pensées, tout ce que je formerai ou exécuterai de desseins, soit dans l'ordre de la parfaite soumission que je vous dois.

Je veux que tout ce qui dépend de moi, santé, forces, esprit, talents, crédit, biens, réputation, ne soit employé que pour les intérêts de votre gloire. Assujettissez-vous donc, ô Roi de mon cœur, toutes les puissances de mon âme : régnez absolument sur ma volonté, je la soumets à la vôtre. Après la faveur dont vous m'honorez, je ne souffrirai pas qu'il y ait rien dans moi qui ne soit parfaitement à vous.

Acte de bon propos.

O le plus patient et le plus généreux de tous les amis ! qu'est-ce qui pourrait désormais me séparer de vous? Je renonce de tout mon cœur à ce qui m'en avait éloigné jusqu'ici, et je me propose, avec le secours de votre grâce, de ne plus retomber dans mes fautes passées.

Ainsi donc, ô mon Dieu, plus de pensées, de désirs, de paroles ou d'actions, qui soient le moins du monde contraires à la pudeur ou à la charité; plus d'impatience, de jurements, de mensonges, de querelles, de médisances; plus d'omissions dans mes devoirs, ni de langueurs dans votre service; plus de liaisons sensibles, ni d'amitiés naturelles; plus d'attache à mes sentiments, ni à mes commodités; plus de délicatesse sur les mépris et sur les discours des hommes; plus de passion pour l'estime et l'attention du monde. Plutôt mourir, ô mon Dieu, plutôt expirer ici devant vous que de jamais vous déplaire.

Vous êtes au milieu de mon cœur, divin Jésus; c'est en votre présence que je conçois ces résolutions, afin que vous les confirmiez, et que votre adorable Sacrement, que je viens de recevoir, soit comme le sceau qu'il ne me soit jamais permis de violer. Confirmez donc, ô Dieu de bonté, le désir que j'ai d'être uniquement à vous, et de ne plus vivre que pour votre gloire.

Ainsi soit-il.

LE DIMANCHE A VÊPRES.

Psaume 109.

Dixit Dominus Domino meo : * Sede à dextris meis.

Donec ponam inimicos tuos : * scabellum pedum tuorum.

Virgam virtutis tuæ emittet Dominus ex Sion : * dominare in medio inimicorum tuorum.

Tecum principium in die virtutis tuæ, in splendoribus sanctorum : * ex utero ante luciferum genui te.

Juravit Dominus, et non pœnitebit eum : * Tu es Sacerdos in æternum, secundum ordinem Melchisedech.

Dominus à dextris tuis : * confregit in die iræ suæ reges.

Le Seigneur a dit à mon Seigneur : Asseyez-vous à ma droite.

Et je réduirai vos ennemis à vous servir de marchepied.

Le Seigneur fera sortir de Sion le sceptre de votre règne ; dominez au milieu de vos ennemis.

Vous serez reconnu pour roi au jour de votre force, lorsque vous paraîtrez dans l'éclat et dans la splendeur de votre sainteté : je vous ai engendré de mon sein avant l'étoile du matin.

Le Seigneur a juré, et son serment a demeuré immuable : Vous êtes le Prêtre éternel, selon l'ordre de Melchisédech.

Le Seigneur est à votre droite : il frappera les rois au jour de sa colère.

Il jugera les nations et les détruira ; il brisera sur la terre la tête de plusieurs.

Judicabit in nationibus, implebit ruinas; * conquassabit capita in terrâ multorum.

Il boira dans le chemin de l'eau du torrent, et c'est par-là qu'il élèvera sa tête.

De torrente in viâ bibet; * propterea exaltabit caput.

ANT. Le Seigneur a dit à mon Seigneur: Asseyez-vous à ma droite.

ANT. Dixit Dominus Domino meo: * Sede à dextris meis.

Psaume 110.

SEIGNEUR, je vous louerai de tout mon cœur dans les assemblées particulières et publiques des justes.

CONFITEBOR tibi, Domine, in toto corde meo, * in concilio justorum et congregatione.

Les ouvrages du Seigneur sont grands, et toujours proportionnés à ses desseins.

Magna opera Domini, * exquisita in omnes voluntates ejus.

Tous ses ouvrages publient ses louanges et sa magnificence; et sa justice est éternelle.

Confessio et magnificentia opus ejus, * et justitia ejus manet in seculum seculi.

Le Seigneur, plein de bonté et de miséricorde, a éternisé la mémoire de ses merveilles, il a donné la nourriture à ceux qui le craignent.

Memoriam fecit mirabilium suorum misericors et miserator Dominus; * escam dedit timentibus se.

Il se souviendra dans

Memor erit in seculum

testamenti sui ; * virtutem operum suorum annuntiabit populo suo.

Ut det illis hæreditatem gentium : * opera manuum ejus veritas et judicium.

Fidelia omnia mandata ejus, confirmata in sæculum sæculi ; * facta in veritate et æquitate.

Redemptionem misit populo suo : * mandavit in æternum testamentum suum.

Sanctum et terribile nomen ejus : * initium sapientiæ timor Domini.

Intellectus bonus omnibus facientibus eum : * laudatio ejus manet in sæculum sæculi.

Ant. Fidelia omnia mandata ejus : * confirmata in sæculum sæculi.

tous les siècles de son alliance ; il montrera à son peuple sa toute-puissance dans ses œuvres.

En leur donnant l'héritage des nations : sa vérité et sa justice éclatent dans les ouvrages de ses mains.

Toutes ses ordonnances sont inviolables ; elles sont immuables dans tous les siècles ; elles sont fondées sur la vérité et sur l'équité.

Il a envoyé à son peuple un Sauveur pour le racheter ; il a rendu son alliance éternelle.

Son nom est saint et redoutable ; la crainte du Seigneur est le commencement de la sagesse.

Tous ceux qui font ce que cette crainte prescrit ont la vraie intelligence ; la louange du Seigneur subsistera dans toute l'éternité.

Ant. Toutes ses ordonnances sont inviolables ; elles sont immuables dans tous les siècles.

Psaume 111.

Heureux celui qui craint le Seigneur ; il prendra un souverain plaisir à observer ses commandements.

Beatus vir qui timet Dominum; * in mandatis ejus volet nimis.

Sa postérité sera puissante sur la terre ; la race des justes sera comblée de bénédictions.

Potens in terrâ erit semen ejus ; * generatio rectorum benedicetur.

La gloire et la richesse seront dans sa maison, et sa justice demeurera éternellement.

Gloria et divitiæ in domo ejus, * et justitia ejus manet in seculum seculi.

La lumière se lève au milieu des ténèbres sur ceux qui ont le cœur droit, le Seigneur est clément, miséricordieux et juste.

Exortum est in tenebris lumen rectis ; * misericors, et miserator, et justus.

Heureux celui qui donne et qui prête ; il règlera ses discours selon la justice, il ne sera jamais ébranlé.

Jucundus homo qui miseretur et commodat, disponet sermones suos in judicio ; * quia in æternum non commovebitur.

La mémoire du juste sera éternelle ; quelque mal qu'on lui annonce, il ne craindra pas.

In memoriâ æternâ erit justus ; * ab auditione malâ non timebit.

Son cœur est toujours disposé à espérer au Seigneur ; il est inébranla-

Paratum cor ejus sperare in Domino, confirmatum est cor ejus ; *

non commovebitur donec despiciat inimicos suos.

Dispersit, dedit pauperibus; justitia ejus manet in seculum seculi, * cornu ejus exaltabitur in gloriâ.

Peccator videbit et irascetur; dentibus suis fremet et tabescet : * desiderium peccatorum peribit.

Ant. In mandata ejus cupit nimis.

ble; il attend avec confiance que Dieu le venge de ses ennemis.

Il répand libéralement ses dons sur les pauvres; sa justice demeure éternellement, et il sera élevé en gloire.

Le méchant le verra, et il frémira de colère; il grincera des dents, et séchera de dépit; mais le désir des pécheurs périra.

Ant. Celui qui craint le Seigneur met toute son affection dans ses commandements.

Psaume 112.

Laudate, pueri, Dominum; * laudate nomen Domini.

Sit nomen Domini benedictum, * ex hoc nunc et usque in seculum.

A solis ortu usque ad occasum, * laudabile nomen Domini.

Excelsus super omnes

Louez le Seigneur, vous qui êtes ses serviteurs; louez le nom du Seigneur.

Que le nom du Seigneur soit béni, maintenant et dans toute l'éternité.

Le nom du Seigneur mérite d'être loué depuis l'orient jusqu'à l'occident.

Le Seigneur est élevé

au-dessus des nations ; sa gloire est au-dessus des cieux.

gentes Dominus, * et super cœlos gloria ejus.

Qui est semblable au Seigneur notre Dieu, qui habite dans un lieu si haut, et qui regarde ce qu'il y a de plus bas dans le ciel et sur la terre ?

Quis sicut Dominus Deus noster, qui in altis habitat * et humilia respicit in cœlo et in terrâ ?

Qui tire l'indigent de la poussière, et relève le pauvre de dessus le fumier,

Suscitans à terrâ inopem, * et de stercore erigens pauperem,

Pour le placer avec les princes, avec les princes de son peuple.

Ut collocet eum cum principibus, * cum principibus populi sui.

Qui donne à celle qui était stérile la joie de se voir mère de plusieurs enfants.

Qui habitare facit sterilem in domo, * matrem filiorum lætantem.

Ant. Que le nom du Seigneur soit béni dans l'éternité.

Ant. Sit nomen Domini benedictum in secula.

Psaume 113.

Lorsque Israël sortit de l'Egypte, et la maison de Jacob d'un peuple étranger.

In exitu Israël de Ægypto, * domus Jacob de populo barbaro.

Juda fut consacré au service du Seigneur, et Israël devint son domaine.

Facta est Judæa sanctificatio ejus, * Israël potestas ejus.

Mare vidit et fugit, * Jordanis conversus est retrorsùm.

Montes exultaverunt ut arietes, * et colles, sicut agni ovium.

Quid est tibi, mare, quòd fugisti? * et tu, Jordanis, quia conversus es retrorsùm ?

Montes exultastis sicut arietes ? * et colles, sicut agni ovium ?

A facie Domini mota est terra, * à facie Dei Jacob.

Qui convertit petram in stagna aquarum, * et rupem in fontes aquarum.

Non nobis, Domine, non nobis, * sed nomini tuo da gloriam, super misericordiâ tuâ et veritate tuâ.

Nequandò dicant gentes : Ubi est Deus eorum :

Deus autem noster in

La mer le vit et elle s'enfuit ; le Jourdain remonta vers sa source.

Les montagnes sautèrent comme des béliers, et les collines, comme des agneaux.

O mer, pourquoi fuyais-tu ? et toi, Jourdain, pourquoi remontais-tu vers ta source.

Montagnes, pourquoi sautiez-vous comme des béliers ? et vous, collines, comme des agneaux.

La terre a tremblé à la vue du Seigneur, à la vue du Dieu de Jacob.

Qui changea la pierre en des torrents d'eau; et le rocher, en fontaines abondantes.

Ne nous donnez point de gloire, Seigneur, ne nous en donnez point ; donnez-la seulement à votre nom, à cause de votre miséricorde ; et de votre fidélité dans vos promesses.

Que les nations ne disent donc plus : Où est leur Dieu ?

Car notre Dieu est

dans le ciel ; il a fait tout ce qu'il a voulu.

cœlo, * omnia quæcumque voluit, fecit.

Les idoles des nations ne sont que de l'or et de l'argent, l'ouvrage de la main des hommes.

Simulcra gentium argentum et aurum, * opera manuum hominum.

Elles ont une bouche, et ne parlent point ; elles ont des yeux, et ne voient point.

Os habent, et non loquentur ; * oculos habent ; et non videbunt.

Elles ont des oreilles, et n'entendent point ; elles ont des narines, et ne sentent rien.

Aures habent, et non audient ; * nares habent, et non odorabunt.

Elles ont des mains, et ne touchent point ; elles ont des pieds, et ne marchent point ; leur gosier ne peut proférer le moindre son.

Manus habent, et non palpabunt ; pedes habent, et non ambulabunt ; * non clamabunt in gutture suo.

Que ceux qui les font leur deviennent semblables, et tous ceux qui mettent en elles leur confiance.

Similes illis fiant qui faciunt ea, * et omnes qui confidunt in eis.

La maison d'Israël a espéré au Seigneur ; il est son secours et son protecteur.

Domus Israël speravit in Domino ; * adjutor eorum et protector eorum est.

La maison d'Aaron a espéré au Seigneur ; il est son secours et son protecteur.

Domus Aaron speravit in Domino ; * adjutor eorum et protector eorum est.

Ceux qui craignent le

Qui timent Dominum

Documents manquants (pages, cahiers...)

NF Z 43-120-13

Pages 113 à 128

OFFERTOIRE.

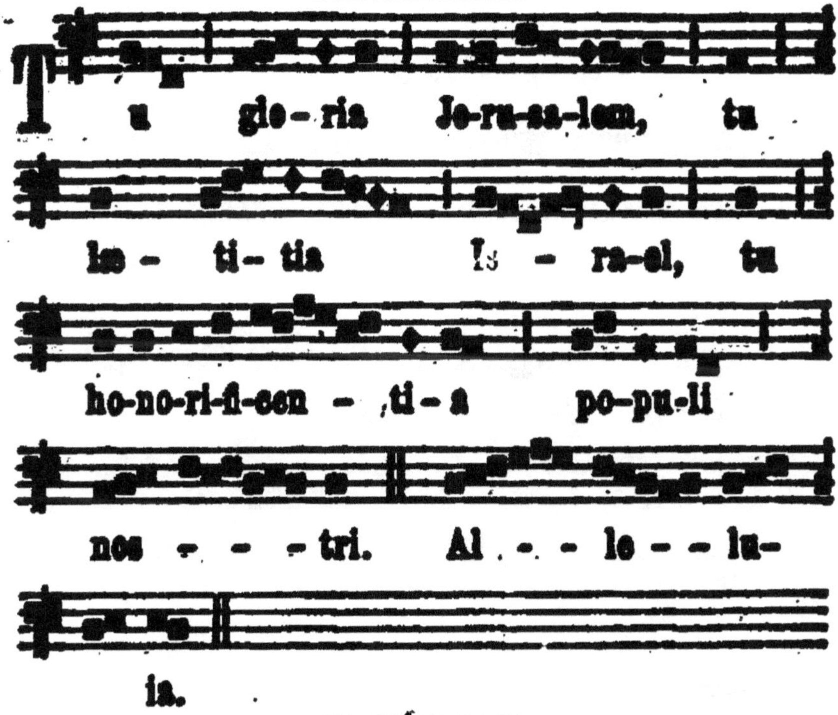

COMMUNION.

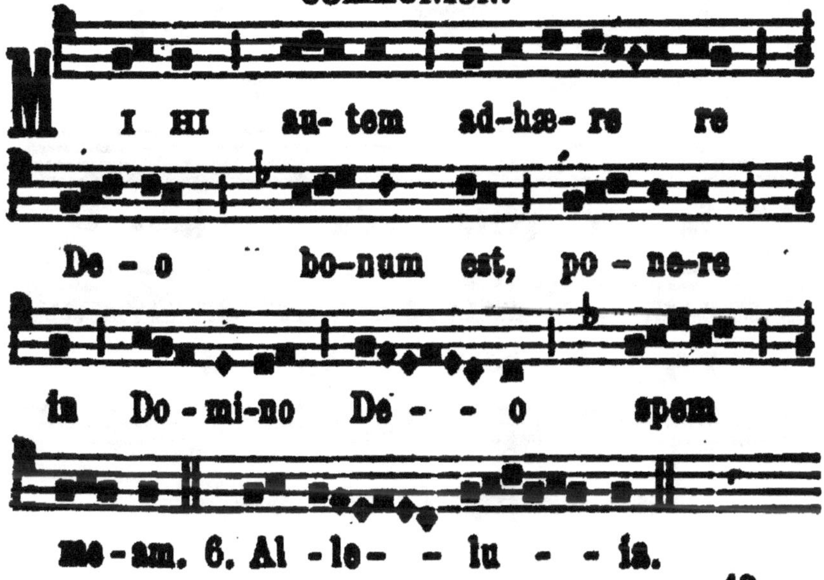

PRIÈRE

QUI SE CHANTE QUAND ON DESCEND ET QUAND ON REMONTE LES SAINTES RELIQUES.

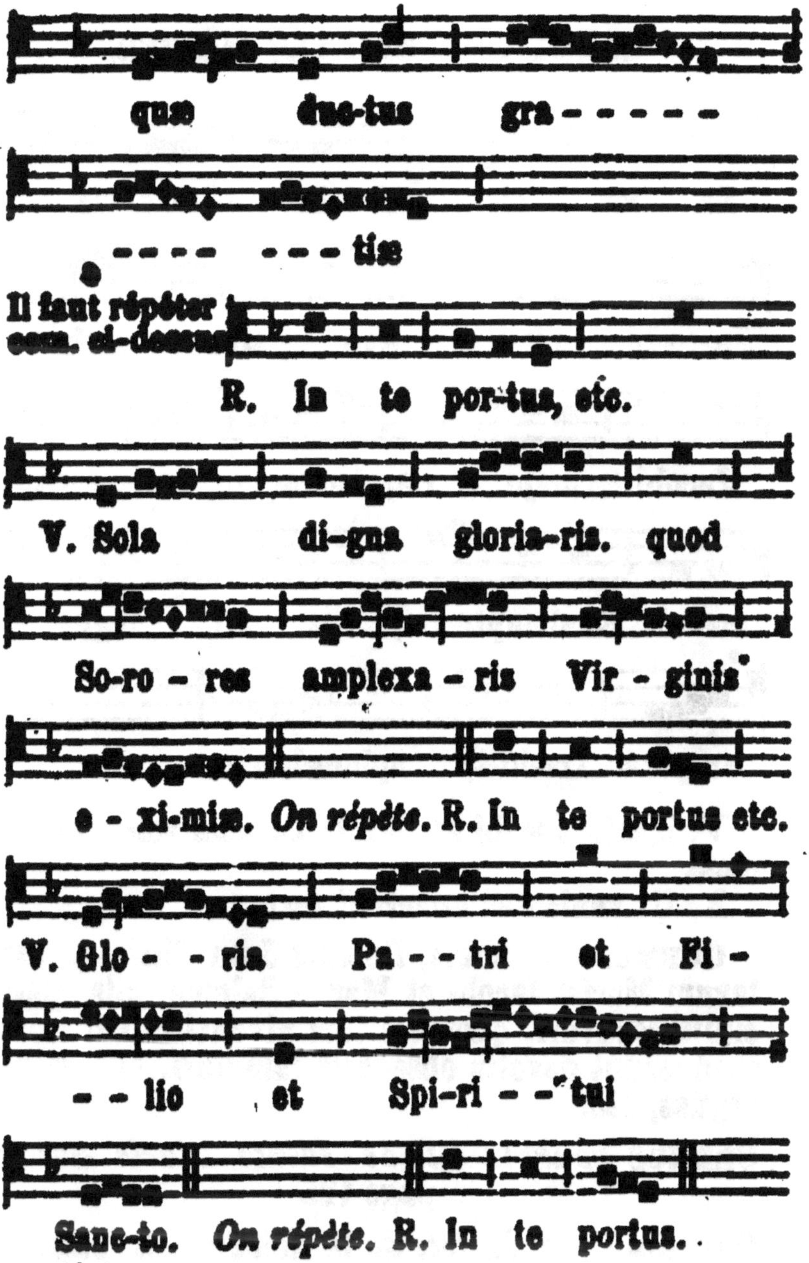
quæ ductus gra - - - - - -
- - - - - - - - tiæ
Il faut répéter comm. ci-dessus
R. In te por-tus, etc.
V. Sola di-gna gloria-ris. quod
So-ro - res amplexa - ris Vir - ginis
e - xi-miæ. On répète. R. In te portus etc.
V. Glo - - ria Pa - - tri et Fi -
- - lio et Spi-ri - - tui
Sanc-to. On répète. R. In te portus.

SALUT AUX SAINTES MARIES.

Sal - ve Ma - ter in - - - - clyta
Ja-co-bi minoris; Ave parens optima
Jacobi majo - ris, utraque mater-tera
nostri Re-dempto-ris, nos ad regna
su-pera tra-hi-te splen-do-ris.

V. Maria Jacobi et Maria Salome emerunt aromata ;

R. Ut venientes ungerent Jesum.

Oremus. Da nobis, Domine Jesu Christe, sanctarum Mariæ Jacobi et Mariæ Salome piis patrociniis adjuvari, quæ tibi tàm viventi quàm mortuo studuerunt devotis obsequiis famulari. Qui vivis et regnas, etc.

Oremus *pour la fête de sainte Marie Salomé*, page 125.

Oremus *pour la fête de la Révélation*, page 126.

CHEMIN DE LA CROIX

AU MAITRE AUTEL.

Les Chantres.

O Crux, ave spes unica,
Mundi salus et gloria :
Auge piis justitiam,
Reisque dona veniam,

Je vous salue, Croix sainte, mon unique espérance, la gloire et le salut du monde; que les justes trouvent en vous une augmentation de sainteté, et les pécheurs le pardon de leurs péchés !

LE PEUPLE. Vive Jésus, vive sa Croix !
Oh ! qu'il est bien juste qu'on l'aime,
Puisqu'en expirant sur ce bois,
Il nous aima plus que lui-même.
Disons donc tous à haute voix :
Vive Jésus, vive sa Croix !

PRIÈRE PRÉPARATOIRE.

O Jésus, notre aimable Sauveur ! nous voici humblement prosternés à vos pieds, afin d'implorer votre divine miséricorde pour nous et pour les âmes des fidèles qui sont morts. Daignez nous appliquer à tous les mérites infinis de votre sainte Passion que nous allons méditer. Faites que, dans cette voie de soupirs et de larmes où nous entrons, nos cœurs soient tellement contrits et repentants, que nous embrassions avec joie toutes les contradictions, les souffrances et les humiliations de cette vie.

Et vous, ô divine Marie, qui la première nous avez enseigné le chemin de la Croix, obtenez de l'adorable Trinité qu'elle daigne accepter, en réparation de tant d'injures qui lui sont faites, les affections de douleur et d'amour, dont l'Esprit vivificateur nous favorisera pendant ce saint exercice.

En partant de l'autel.

LES CHANTRES : Suivons sur la montagne sainte
Notre Sauveur sanglant, défiguré,
Et marchons après lui sans crainte,
Sous le poids *(bis)* de l'arbre sacré.

LE PEUPLE.

Mère sainte, daignez opérer en moi ce prodige: imprimez fortement dans mon cœur les plaies de Jésus crucifié.	Sancta Mater, istud agas, Crucifixi fige plagas Cordi meo validè.

LES CHANTRES.

Seigneur, malgré votre innocence,
C'est moi, cruel, qui vous livre au trépas.
Se peut-il que votre vengeance
De ses traits *(bis)* ne m'accable pas ?

LE PEUPLE. Sancta Mater, etc.

†

PREMIÈRE STATION

V. Nous vous adorons, ô Jésus, et nous vous bénissons.	V. Adoramus te, Christe, et benedicimus tibi.

℟. Quia per sanctam Crucem tuam redemisti mundum.

℟. Parce que vous avez racheté le monde par votre sainte Croix.

Jésus est condamné à mort.

Considérons la soumission adorable de Jésus, lorsqu'il reçoit cette injuste sentence, et tâchons de bien nous persuader que ce ne fut pas seulement Pilate qui le condamna, mais nous tous ici présents, et tous les pécheurs de l'univers qui demandaient sa mort. Disons-lui donc, pénétrés de la plus vive douleur :

O adorable Jésus ! puisque ce sont nos crimes qui vous ont conduit au trépas, faites que nous les détestions de tout notre cœur, afin que notre repentir et notre pénitence nous obtiennent pardon et miséricorde.

Pater noster, qui es in Cœlis, sanctificetur nomen tuum ; adveniat regnum tuum ; fiat voluntas tua sicut in Cœlo et in terrâ : panem nostrum quotidianum da nobis hodiè ; et dimitte nobis debita nostra, sicut et nos dimittimus debitoribus nostris ; et ne nos inducas in tentationem ; sed libera nos à malo. Amen.

Ave Maria, gratiâ plena, Dominus tecum ; benedicta tu in mulieribus, et benedictus fructus ventris tui Jesus.

Sancta Maria, Mater Dei, ora pro nobis peccatoribus, nunc et in horâ mortis nostræ. Amen.

Gloria Patri, et Filio, et Spiritui Sancto.

Sicut erat in principio, et nunc, et semper, et in secula seculorum. Amen.

℣ Miserere nostrî, Domine.

℟ Miserere nostrî.

V. Fidelium animæ per misericordiam Dei requiescant in pace.
R. Amen.

EN ALLANT A LA STATION SUIVANTE.

LES CHANTRES.

Hélas sous cette Croix pesante,
Divin Agneau, vous portez nos péchés :
C'est sur votre chair innocente
Que l'amour (*bis*) les tient attachés.

LE PEUPLE

Sancta Mater, etc.

†

DEUXIÈME STATION.

V. Adoramus te, etc.

Jésus est chargé de sa Croix.

Considérons avec quelle douceur notre divin Maître reçoit sur ses épaules meurtries et ensanglantées le terrible instrument de son supplice. C'est ainsi qu'il veut nous enseigner à porter notre croix, en acceptant, avec la plus grande résignation, les maux qui nous sont envoyés du Ciel, ou qui nous viennent de la part des créatures.

O doux Jésus ! ce n'était point à vous de porter cette Croix, puisque vous étiez innocent, mais à nous, misérables pécheurs, chargés de toutes sortes d'iniquités. Donnez-nous donc la force de vous imiter, en supportant sans murmurer, les revers et les disgrâces de cette vie, qui, dans l'ordre de votre Providence paternelle, doivent être pour nous l'occasion de satisfaire à votre justice et le moyen d'arriver à la céleste patrie.

Pater, Ave, Gloria, Miserere, Fidelium, etc.

LES CHANTRES.

O ciel ! le Dieu de la nature
Tombe affaibli sous son cruel fardeau,
Et sa perfide créature,
Sans pitié (bis) devient son bourreau.

LE PEUPLE

Sancta Mater, etc.

✝

TROISIÈME STATION.

Adoramus te, Christe, etc.

Jésus tombe sous le poids de sa Croix.

Considérons Jésus-Christ entré dans la route du Calvaire. Le sang qu'il a répandu dans la flagellation et le couronnement d'épines, l'a tellement affaibli, qu'il tombe sous son pesant fardeau, et ne se relève qu'après les outrages les plus sanglants, qu'il endure sans témoigner aucun sentiment d'indignation. Voilà comment il a voulu expier toutes nos chutes, et nous apprendre à nous relever par les sentiments de la pénitence, quand nous avons eu le malheur de tomber dans l'abîme du péché.

O bon Jésus ! tendez-nous une main secourable au milieu de tant de dangers auxquels nous sommes exposés. Daignez nous fortifier dans nos faiblesses, afin qu'après vous avoir suivi courageusement sur le Calvaire, nous puissions y goûter les fruits délicieux de l'arbre de vie, et devenir éternellement heureux avec vous.

Pater, Ave, Gloria, Miserere, Fidelium, etc.

LES CHANTRES.

Où allez-vous, divine mère?
Où allez-vous, Marie? ah! je frémis.
Bientôt, sur ce triste Calvaire,
Va mourir (*bis*) votre aimable Fils.

LE PEUPLE.

Sancta Mater, etc.

†

QUATRIÈME STATION.

V. Adoramus te, Christe, etc.

Jésus rencontre sa très-sainte Mère.

Considérons combien il fut douloureux pour ce divin Fils, de voir cette mère chérie dans des circonstances si cruelles, et pour Marie, de voir son aimable Fils traîné inhumainement par une troupe de soldats, au milieu d'un peuple innombrable qui le charge d'injures. A cette vue, son cœur maternel est percé de mille glaives, et est livré à toutes les angoisses. Elle voudrait délivrer notre Sauveur, et l'arracher des mains de ses bourreaux; mais elle sait qu'il faut que notre salut s'opère ainsi. Unissant donc le sacrifice de son amour à celui de son Fils, elle partage toutes ses souffrances, et s'attache à lui jusqu'au dernier soupir.

O Marie, Mère de douleur! obtenez-nous cet amour ardent avec lequel vous accompagnâtes Jésus-Christ sur la montagne sainte, et cette fermeté que vous fîtes paraître au pied de la Croix, afin que nous y demeurions constamment avec vous, et que rien ne puisse jamais nous en séparer.

Pater, Ave, Gloria, Miserere, Fidelium, etc.

LES CHANTRES.

Puisque c'est moi qui suis coupable,
Retirez-vous, faible Cyrénéen ;
Je veux seul, ô Croix adorable !
Vous porter (bis) mais en vrai chrétien.

LE PEUPLE.

Sancta Mater, etc.

†

CINQUIÈME STATION.

V. Adoramus te, Christe, etc.

Simon-le-Cyrénéen aide à Jésus à porter sa Croix.

Considérons la grande bonté de Jésus-Christ envers nous. S'il permet qu'on lui aide à porter sa Croix, ce n'est pas qu'il manque de force, étant celui qui soutient l'univers ; mais il veut nous enseigner à unir nos souffrances aux siennes, et à partager avec lui son calice d'amertume.

O Jésus, notre Maître ! vous en avez bu le plus amer, et vous ne nous en avez laissé que la plus petite partie. Ne permettez pas que nous soyons assez ennemis de nous-mêmes pour la refuser. Faites, au contraire, que nous l'acceptions volontiers, afin de nous rendre dignes de participer aux torrents de délices dont vous enivrez vos élus dans la terre des vivants.

Pater, Ave, Gloria, Miserere, Fidelium, etc.

LES CHANTRES.

Seigneur, hélas ! qu'est devenue
Votre beauté qui réjouit les Saints ?
Faibles mortels, à cette vue,
Serez-vous (*bis*) endurcis et vains ?

LE PEUPLE.

Sancta Mater, etc.

†

SIXIÈME STATION.

℣. Adoramus te, Christe, etc.

Une femme pieuse essuie la face de Jésus-Christ.

Considérons l'action héroïque de cette sainte femme, qui s'avance à travers la foule des soldats pour voir son divin Maître. Elle l'aperçoit tout couvert de crachats, de poussière, de sueur et de sang. Un tel spectacle attendrit son âme jusqu'aux larmes, et son amour la mettant au-dessus de toute crainte, elle s'approche de Jésus, essuie ce visage défiguré, cette auguste face qui ravit tous les Saints, devant laquelle les Anges se couvrent de leurs ailes, ne pouvant en soutenir l'éclat.

O Jésus, le plus beau des enfants des hommes ! en quel état vous a réduit votre amour pour nous ? Non, jamais vous n'avez été plus digne de nos adorations et de nos hommages. Nous vous adorons donc ; et, prosternés devant votre divine Majesté, nous vous supplions d'oublier toutes nos offenses, et de rendre à notre âme son ancienne beauté qu'elle a perdue par le péché.

Pater, Ave, Gloria, Miserere, Fidelium, etc.

LES CHANTRES.

Sous les coups des bourreaux perfides,
Jésus-Christ tombe une seconde fois ;
Et ces infâmes déicides
Le voudraient (*bis*) déjà sur la Croix.

LE PEUPLE.

Sancta Mater, etc.

†

SEPTIÈME STATION

℣. Adoramus te, Christe, etc.

Jésus tombe à terre pour la seconde fois.

Considérons l'Homme-Dieu succombant derechef. Contemplons cette sainte Victime étendue par terre sous le faix horrible du bois de son sacrifice, exposée de nouveau à la cruauté des soldats et de ses meurtriers. C'est encore pour nous donner des preuves de son amour infini, que Jésus-Christ permet cette seconde chute. Il veut aussi nous montrer par là, que, retombant si souvent dans le péché, nous ne devons néanmoins jamais perdre confiance, mais tout espérer de sa miséricorde ; et qu'au milieu des plus grandes afflictions, il ne faut pas se laisser aller au découragement ; que la voie du ciel est semée de ronces et d'épines ; que, pour être glorifié, il faut auparavant passer par le creuset des souffrances.

O Jésus, notre force ! préservez-nous de toute rechute ; et ne permettez pas que nous ayons le malheur, en nous perdant, de rendre inutiles tant de fatigues et de peines que vous avez endurées pour nous délivrer de la mort éternelle.

Pater, Ave, Gloria, Miserere, Fidelium, etc.

LES CHANTRES.

Ne pleurez point sur mes souffrances ;
Pleurez sur vous, ô filles d'Israël !
Afin que le Dieu des vengeances
Ait pour vous (*bis*) un cœur paternel.

LE PEUPLE.

Sancta Mater, etc.

†

HUITIÈME STATION.

℣. Adoramus te, Christe, etc.

Jésus console les filles d'Israël qui le suivent.

Admirons ici la générosité incomparable de Jésus-Christ. Il oublie, pour ainsi dire, ses propres souffrances, afin de ne s'occuper que de celles des saintes femmes, et de leur procurer les consolations dont elles avaient besoin dans le grand abattement où son état déplorable les avaient jetées. En leur recommandant de ne point pleurer sur lui, mais plutôt sur elles-mêmes et sur leur perfide patrie, il nous a fait sentir que son cœur serait peu sensible à notre compassion, si nous ne commencions par pleurer nos péchés, qui sont la seule cause de ses douleurs.

O aimable Jésus ! vrai consolateur des âmes affligées, daignez jeter sur nous des regards de tendresse et de miséricorde : faites-nous la grâce de vous accompagner constamment dans le Chemin de la Croix, comme les filles de Jérusalem, afin d'y entendre, comme elles, des paroles de vie, et d'y jouir de vos ineffables consolations.

Pater, Ave, Gloria, Miserere, Fidelium, etc.

LES CHANTRES.

Seigneur, vous tombez de faiblesse :
N'êtes-vous plus le Dieu puissant et fort ?
C'est le péché qui vous oppresse,
Et conduit (bis) vos pas à la mort.

LE PEUPLE.

Sancta Mater, etc.

†

NEUVIÈME STATION.

Adoramus te, Christe, etc.

Jésus tombe pour la troisième fois.

Considérons l'adorable Jésus arrivé au sommet du Calvaire. Il jette alors ses regards sur le lieu où il va bientôt être sacrifié à la fureur de ses ennemis. Ce qui l'occupe en ce moment, ce sont nos chutes sans fin et l'inutilité de son sang pour le grand nombre des pécheurs. Cette pensée cruelle le consterne et afflige son tendre cœur, plus que tous les supplices qu'il doit encore souffrir. Elle jette son âme dans une profonde tristesse et dans un si cruel abattement, que, ses forces venant à lui manquer comme dans son agonie, il se laisse aller la face contre terre.

O Jésus, victime d'amour ! voici donc que vous allez être immolé pour le salut des hommes. Daignez nous appliquer les mérites de votre sacrifice dans le temps, afin que nous puissions vous offrir celui de nos louanges pendant l'éternité.

Pater, Ave, Gloria, Miserere, Fidelium, etc.

LES CHANTRES.

Venez, et déployez vos ailes,
Anges du ciel, sur votre Créateur,
Voilez ces blessures cruelles,
Et ce corps (*bis*) navré de douleur.

LE PEUPLE.

Sancta Mater, etc.

†

DIXIÈME STATION.

Adoramus te, Christe, etc.

Jésus est dépouillé de ses vêtements.

Considérons combien fut grande la douleur de Jésus-Christ, lorsque les bourreaux lui arrachèrent ses habits. Toutes les plaies qu'il avait reçues, et qui avaient collé sa robe contre sa chair sacrée, se rouvrirent en ce moment, pour lui faire souffrir à la fois tous les tourments de la flagellation. Mais ce qui lui fut encore bien plus sensible, c'était de se voir exposé ainsi à la vue d'une foule immense de spectateurs.

O Jésus, divin Agneau, vous voilà donc parvenu au lieu de votre supplice, sans que vous ayez ouvert la bouche pour vous plaindre ! Ah ! que votre silence est éloquent et énergique ! Avec quelle force ne nous prêche-t-il pas la nécessité de réprimer nos impatiences et nos murmures ! Vous vous laissez encore dépouiller de vos vêtements, pour expier le malheur que nous avons eu de perdre le don précieux de la grâce. Daignez donc nous le faire recouvrer, et nous dépouiller entièrement du vieil homme, afin que nous ne vivions plus que selon les sentiments de votre Cœur adorable.

Pater, Ave, Gloria, Miserere, Fidelium, etc.

LES CHANTRES.

Que faites-vous, peuple barbare ?
Vous allez donc consommer vos forfaits ?
Ce bois est le lit qu'on prépare
A Jésus (*bis*) pour tant de bienfaits !

LE PEUPLE.

Sancta Mater, etc.

†

ONZIÈME STATION.

Adoramus te, Christe, etc.

Jésus est attaché à la Croix.

Considérons Jésus-Christ s'offrant à ses bourreaux pour être crucifié, et s'étendant lui-même sur l'arbre de la Croix. Quel tourment ne dut-il pas endurer, dans le temps que les coups de marteau enfonçaient les clous dans ses pieds et dans ses mains adorables ! Alors sa chair se déchire, ses os se froissent, ses nerfs se rompent, ses veines se brisent : le sang coulant à grands flots, épuise ses forces, et ajoute à de si horribles supplices celui de la soif la plus ardente.

O péché, maudit péché ! c'est toi qui fus la cause de cette mer de douleur, dans laquelle nous contemplons la victime de notre salut ! Ah ! chrétiens, quel excès d'amour ! quelle immense charité ! Qu'à cette vue, nos cœurs se déchirent et s'embrasent. Qu'ils renoncent à tous les plaisirs de la terre. Qu'ils soient sans cesse crucifiés avec celui de Jésus, et que nos yeux versent jour et nuit des torrents de larmes.

Pater, Ave, Gloria, Miserere, Fidelium, etc.

LES CHANTRES.

Le soleil, à ce crime horrible,
Voile l'éclat de son front radieux,
Et la créature insensible
Ne peut voir (*bis*) ce spectacle affreux.

LE PEUPLE.

Sancta Mater, etc.

†

DOUZIÈME STATION.

Adoramus te, Christe, etc.

Jésus meurt sur la Croix.

Considérons Jésus, le Dieu de toute sainteté, expirant entre deux scélérats, et admirons la douceur et la force de son amour. Il demande à son Père le pardon de ses bourreaux ; il promet sa gloire au bon larron ; il recommande sa Mère au disciple bien-aimé ; il remet son âme entre les mains de son Père ; il annonce que tout est consommé, et il expire pour nous. Dans le même instant, toutes les créatures publient sa divinité. La nature entière s'attriste et semble vouloir s'anéantir en voyant expirer son Créateur.

O pécheurs ! n'y aura-t-il que vous qui demeurerez insensibles à ce spectacle si attendrissant ? Jetez un regard sur votre Sauveur ; voyez l'état affreux où vos crimes l'ont réduit. Il vous pardonne cependant, si votre repentir est sincère : il a ses pieds attachés pour vous attendre, ses bras étendus pour vous recevoir, son côté ouvert et son cœur blessé pour répandre sur vous toutes ses grâces, sa tête penchée pour vous donner le baiser de paix et de réconciliation. Accourons donc tous auprès de sa Croix, et mourons pour lui, puisqu'il est mort pour nous.

Pater, Ave, Gloria, Miserere, Fidelium, etc.

LES CHANTRES.

Le voilà donc, Mère affligée.
Ce tendre Fils meurtri, sacrifié
Notre victime est immolée,
Votre amour (*bis*) est crucifié.

LE PEUPLE.

Sancta Mater, etc.

†

TREIZIÈME STATION.

Adoramus te, Christe, etc.

Jésus est déposé de la Croix et remis à sa Mère.

Considérons la douleur extrême de cette tendre Mère, après la mort de Jésus son divin Fils. Elle reçoit ce précieux dépôt entre ses bras ; elle contemple son visage pâle, sanglant et défiguré ; elle voit ses yeux éteints, sa bouche fermée, son côté ouvert, ses mains et ses pieds percés. Cette vue est pour elle un martyre ineffable, et dont Dieu seul peut connaître tout le prix.

O Marie ! c'est nous qui sommes la cause de votre affliction, et ce sont nos péchés qui ont transpercé votre âme en attachant Jésus-Christ à la Croix. Daignez, ô Mère de Miséricorde ! obtenir notre pardon, et nous permettre d'adorer, dans vos bras, notre amour crucifié. Imprimez tellement dans nos âmes les douleurs que vous ressentîtes au pied de la Croix, que nous n'en perdions jamais le souvenir.

Pater, Ave, Gloria, Miserere, Fidelium, etc.

LES CHANTRES.

Près de cette tombe chérie,
Je veux mourir de douleur et d'amour,
Pour y puiser une autre vie,
Et voler (*bis*) au divin séjour.

LE PEUPLE.

Sancta Mater, etc.

†

QUATORZIÈME STATION.

Adoramus te, Christe, etc.

Jésus est mis dans le sépulcre.

Voici donc, Jésus, notre cher Rédempteur, voici donc où repose votre Corps adorable, le précieux gage de notre salut. Faites que notre plus grande consolation, dans cette vallée de larmes, soit de nous occuper des supplices et de la mort ignominieuse que vous avez endurés pour nous racheter. Et parce que vous n'avez voulu être placé dans un sépulcre nouveau, que pour nous faire connaître que c'était avec un nouveau cœur que nous devions nous approcher de vous dans le Sacrement de votre amour, daignez nous purifier de toutes nos taches, et nous rendre dignes de nous asseoir souvent à votre sacré banquet. Ensevelissez dans ce même tombeau toutes nos iniquités et nos convoitises, afin que, mourant à nos passions et à toutes les choses d'ici-bas, pour mener avec vous une vie cachée en Dieu, nous méritions de faire une fin heureuse, et de vous contempler à découvert, dans la splendeur de votre gloire.

Pater, Ave, Gloria, Miserere Fidelium, etc.

(En retournant à l'autel).

LES CHANTRES.

Seigneur, dans mon âme attendrie,
Gravez les maux qu'on vous a fait souffrir;
Et vous, ô divine Marie !
Hâtez-vous (*bis*) de nous secourir.

LE PEUPLE.

Sancta Mater, etc.

V. Adoramus te, Christe, et benedicimus tibi.
R. Quia per sanctam Crucem tuam redemisti mundum.
V. Ora pro nobis, Virgo dolorosissima.
R. Ut digni efficiamur promissionibus Christi.
V. Signasti, Domine, tuum servum Franciscum.
R. Signis Redemptionis nostræ.
V. Oremus pro Pontifice nostro N.
R. Dominus conservet eum et vivificet eum, bea-

tum faciat eum in terrâ et non tradat eum in animam inimicorum ejus.

V. Oremus pro fidelibus defunctis.

R. Requiem æternam dona eis, Domine, et lux perpetua luceat eis.

OREMUS.

Respice, quæsumus, Domine, super hanc familiam tuam, pro quâ Dominus noster Jesus Christus non dubitavit manibus tradi nocentium, et Crucis subire tormentum.

Domine Jesu Christe, Fili Dei vivi, qui horâ sextâ pro Redemptione mundi, Crucis patibulum ascendisti, et sanguinem tuum pretiosum in remissionem peccatorum nostrorum fudisti, te humiliter deprecamur, ut post obitum nostrum, januam Paradisi nos gaudentes introire concedas.

Interveniat pro nobis, quæsumus, Domine Jesu Christe, nunc et in horâ mortis nostræ, apud tuam clementiam, beata Virgo Maria Mater tua, cujus sacratissimam animam, in horâ tuæ Passionis, doloris gladius pertransivit.

Domine Jesu Christe, qui refrigescente mundo, ad inflammandum corda nostra tui amoris igne, in carne beatissimi Francisci, Passionis tuæ sacra stigmata renovâsti, concede propitius, ut ejus meritis et precibus, crucem jugiter feramus, et dignos fructus pœnitentiæ faciamus.

Omnipotens sempiterne Deus, miserere famulo tuo Pontifici nostro *N.* et dirige eum secundùm tuam clementiam in viam salutis æternæ, ut, te donante, tibi placita cupiat, et totâ virtute perficiat.

Deus, veniæ largitor et humanæ salutis amator, quæsumus, clementiam tuam, ut nostræ Congregationis fratres, propinquos et benefactores, qui ex hoc sæculo transierunt, Beatâ Mariâ semper Virgine intercedente, cum omnibus sanctis tuis, ad perpetuæ beatitudinis consortium pervenire concedas. Per Dominum nostrum Jesum Christum, etc.

LES CHANTRES.

Parce, Domine, parce populo tuo.

LE PEUPLE.

Ne in æternum irascaris nobis.

LES CHANTRES.

Pie Jesu, Domine, dona eis requiem.

LE PEUPLE.

Sempiternam.

UN CHANTRE.

Jube, Domine, benedicere.

LE PRÊTRE.

Benedicat nos Dominus noster Jesus Christus, qui pro nobis flagellatus est, Crucem portavit et fuit crucifixus.

R. Amen.

II

Neuvaine préparatoire à la fête des saintes Maries.

Notre-Seigneur compare dans une de ses inimitables paraboles, la parole divine à la semence que l'on jette en terre; plus cette terre est préparée, plus la semence produit. Il en est de même de la grâce: plus l'âme qui la demande est prête à la recevoir, plus la grâce est fructueuse.

Pieux pèlerins, de votre préparation à la fête des saintes Maries dépend peut-être la guérison, la conversion, la grâce spéciale que vous attendez. C'est ce qui nous porte à vous recommander la neuvaine que nous allons mettre sous vos yeux.

Pour vous rendre plus utiles les considérations qu'elle offre à votre piété, nous les avons puisées dans la vie des Saintes.

Inutile de rappeler les avantages qu'apporte avec elle une neuvaine bien faite. Nous citerons seulement un trait emprunté à la vie du saint curé d'Ars (1).

« En 1848, un jeune homme fit une chute de cheval, qui occasionna des lésions graves. Après avoir inutilement fait appel à l'art des médecins, ses parents prirent le parti de le conduire à Ars. Ce jeune homme souffrit cruellement pendant le trajet. Le saint curé ayant conseillé une neuvaine en l'honneur de la très-sainte Vierge et de sainte Philomène, chaque jour on le portait à l'église pour y faire les prières prescrites.

» Les douleurs étaient parfois si aiguës qu'elles lui arrachaient des cris à fendre l'âme. Dès le premier jour, il avait commencé sa confession, mais de grands obstacles s'opposaient à son retour à Dieu. La première neuvaine fut inutile ; le malade en commença une seconde avec des dispositions

(1) *Vie du curé d'Ars*, par l'abbé Monnin.

moins équivoques. Son état s'améliora sensiblement. Il put marcher à l'aide de béquilles. Un sentiment de reconnaissance le porta à faire une troisième neuvaine au bout de laquelle il finit sa confession, communia avec beaucoup de piété et recouvra en même temps la santé de l'âme et la santé du corps. »

PREMIER JOUR.

Veni, Creator Spiritus,
Mentes tuorum visita,
Imple supernâ gratiâ,
Quæ tu creasti pectora.

Qui diceris Paraclitus,
Altissimi donum Dei,
Fons vivus, ignis, charitas,
Et spiritalis unctio.

Tu septiformis munere,
Digitus paternæ dexteræ,
Tu rite promissum Patris,
Sermone ditans guttura.

Accende lumen sensibus,
Infunde amorem cordibus,
Infirma nostri corporis
Virtute firmans perpeti.

Hostem repellas longiùs,
Pacemque dones protinùs,
Ductore sic te prævio
Vitemus omne noxium.

Per te sciamus da Patrem,
Noscamus atque Filium;
Teque utriusque Spiritum
Credamus omni tempore.

Deo Patri sit gloria,
Et Filio, qui a mortuis
Surrexit, ac Paraclito,
In seculorum secula.
Amen.

℣. Emitte Spiritum tuum et creabuntur.
℟. Et renovabis faciem terræ.

Oremus. — Deus, qui corda fidelium Sancti Spiritus illustratione docuisti da nobis in eodem Spiritu recta sapere, et de ejus semper consolatione gaudere. Per Christum Dominum nostrum. Amen.

Neuf *Pater*, *Ave*, *Gloria*.

Premières grâces accordées aux saintes Maries.

Considérons dans les saintes Maries deux des premières grâces dont elles furent favorisées.

Dieu, dans ses desseins impénétrables, avait choisi sainte Marie Jacobé et sainte Marie Salomé pour être les parentes de la Vierge incomparable et immaculée qui donna au monde le Sauveur des nations. C'était les désigner pour être aussi les parentes de Jésus. Est-il sur la terre un plus beau titre de noblesse que celui d'appartenir à la famille du Roi des rois, du Prince des princes, du Maître de la terre et des cieux?

Les saintes Maries eurent encore une grâce non moins précieuse : elles furent appelées à suivre le divin Sauveur pendant sa vie publique. Si les hommes regardent comme un grand honneur d'être admis quelquefois auprès des grands de la terre, combien fut grand l'honneur accordé aux saintes Maries ! Louons-les de ces deux privilèges.

Pour nous qui avons le bonheur d'appartenir à la véritable Eglise, nous participons aux grâces que les saintes Maries reçurent en partage.

Nous sommes de la parenté de Jésus. Comment oublier, en effet, ce trait de l'Evangile (1) où la mère et les frères du divin Sauveur vinrent auprès de lui et le firent appeler, tandis qu'il parlait à la foule. Ceux qui l'entouraient lui dirent : « Votre mère et vos frères sont là qui vous attendent. » Il leur répondit : « Qui est ma mère, et qui

(1) Saint Marc III-31.

sont mes frères? » Et, regardant ceux qui étaient assis autour de lui: « Voilà, dit-il, ma mère et mes frères ; car celui qui fait la volonté de Dieu, celui-là est mon frère, ma sœur et ma mère. » Comment ne pas nous rappeler aussi cette réponse de Notre-Seigneur à ce cri d'une femme du peuple (1) : « Heureuse la mère qui vous a donné le jour ! » « Heureux plutôt, dit le Seigneur, ceux qui gardent la parole de Dieu, et la mettent en pratique. »

Jésus a porté encore plus loin sa bonté à notre endroit. Comme les saintes Maries, il nous a appelés à sa suite ; bien plus il a voulu vivre avec nous. Et, au commencement de cette neuvaine, il se tient à la porte de notre cœur pour nous dire (2) : « Mon fils, ouvrez-moi votre cœur... mes délices sont d'être avec vous. »

Ne résistons pas à une invitation si conso-

(1) Luc, xxvii-28.
(2) Prov. viii-31.

lante et si douce. Nous le savons, ce qui ferme à Jésus la porte de notre cœur, c'est le péché. Pleurons jusqu'aux moindres de nos fautes, et nous pourrons répondre, avec le Roi-prophète (1) : « Comme le cerf soupire après les eaux, de même mon âme soupire vers vous, ô mon Dieu. »

Jésus se rendra avec empressement à nos désirs, il s'établira un trône dans nos cœurs. Là nous pourrons lui parler, comme un ami parle à son ami, lui faire partager nos peines et lui demander toutes ses faveurs. Rien ne nous privera de ces entretiens avec notre Dieu. L'exemple de sainte Catherine de Sienne doit nous en convaincre. Privée par ses parents d'aller prier dans l'église (2), elle s'était fait un tabernacle dans son cœur, où malgré ses occupations de la journée, elle pouvait toujours contempler Dieu, lui parler, l'adorer.

(1) Ps. XLI-2.

(2) Rhorbacher, *Histoire de l'Eglise.*

O grandes saintes Maries ! faites-nous comprendre la dignité de notre titre de chrétien ! Ramenez dans le sein de l'Église les hérétiques qui ont le malheur d'en être séparés. Donnez-nous de voir la laideur du péché, de prier Dieu dans le secret de notre cœur et de nous offrir tout entiers à lui. Unissez vos prières aux nôtres, nous obtiendrons, dès aujourd'hui, le pardon de nos offenses et nous mériterons ainsi plus de grâces.

Ainsi soit-il.

Magnificat, page 115.

LITANIES

DES SAINTES MARIE JACOBÉ ET MARIE SALOMÉ.

Kyrie eleison, etc., etc.	Seigneur, ayez pitié de nous, etc., etc.
Sancta Trinitas, unus Deus.	Trinité sainte qui êtes un seul Dieu.
Sancta Maria, Mater Jesu immaculata.	Sainte Vierge Marie, mère immaculée de Jésus.

Sainte Marie Jacobé, sœur de la mère de Jésus.	Sancta Maria Jacobe, soror Jesu matris.
Sainte Marie Salomé, mère de Jacques et de Jean, apôtres de Jésus.	Sancta Maria Salome, mater Jacobi et Joannis, apostolorum Jesu.
Saintes Maries, qui avez assisté, sur la terre, le Sauveur Jésus, priez pour nous.	Sanctæ Mariæ, quæ Salvatori Jesu, in terrâ, ministrâstis, orate pro nobis.
Saintes Maries, qui avez suivi sur le Calvaire le Sauveur Jésus.	Sanctæ Mariæ, quæ crucem bajulanti Jesu adhæsistis.
Saintes Maries, qui avez été au sépulcre pour embaumer le corps de Jésus.	Sanctæ Mariæ, quæ ad ungendum corpus aromata tulistis.
Saintes Maries, qui avez appris de la bouche d'un Ange la Résurrection de Jésus.	Sanctæ Mariæ, quæ Resurrectionem Jesu ab Angelo didicistis.
Saintes Maries, qui avez consolé, dans sa tristesse, la mère de Jésus, priez pour nous.	Sanctæ Mariæ, quæ Matrem Jesu tristem consolâstis, orate pro nobis.
Saintes Maries, qui avez souffert la persécution pour l'amour de Jésus.	Sanctæ Mariæ, quæ pro fide persecutionem tolerâstis.
Saintes Maries qui avez été exposées aux périls de la mer pour la foi de Jésus.	Sanctæ Mariæ, quæ maris pericula divinitùs superâstis.
Saintes Maries, qui, par vos prières et vos mi-	Sanctæ Mariæ, quæ prædicatione et exemplo

fidem Jesu diffudistis.

racles avez converti les peuples à Jésus.

Sanctæ Mariæ, quæ in fide et amore Jesu exiistis, orate pro nobis.

Saintes Maries, qui êtes mortes dans la foi et l'amour de Jésus, priez pour nous.

Sanctæ Mariæ, quæ in cœlo, in conservandâ nobis Jesu fide semper intercedistis.

Saintes Maries, qui dans le ciel, intercédez sans cesse pour nous conserver la foi de Jésus.

Sanctæ Mariæ, portus salutis navigantium.

Saintes Maries, port assuré des matelots.

Sanctæ Mariæ, periclitantium salus.

Saintes Maries, salut de ceux qui sont dans le danger.

Sanctæ Mariæ, afflictorum solatium.

Saintes Maries, consolatrices des affligés.

Propitius esto, parce nobis, Domine.

Soyez-nous propice, pardonnez-nous, Seigneur.

Propitius esto, exaudi nos, Domine.

Soyez-nous propice, exaucez-nous, Seigneur.

Per intercessionem sanctarum Mariæ Jacobi et Mariæ Salome, libera nos, Domine.

Par l'intercession des Saintes Maries Jacobé et Salomé délivrez-nous, Seigneur.

Ab omni peccato.

De tout péché.

A maris tempestate et illuvie.

Du naufrage et des inondations.

A rabiei morbo.

De la rage.

A peste, fame et bello.

De la peste, de la famine et de la guerre.

A quâvis contagii lue.

De tout mal épidémique.

A morte perpetuâ.

De la mort éternelle.

Fili Dei.

Fils de Dieu.

Agneau de Dieu, etc.
Christ, écoutez-nous.
Christ, exaucez-nous.

ORAISON.

Faites, ô Seigneur Jésus-Christ, que nous ressentions les effets de la protection des Saintes Maries Jacobé et Salomé, qui ont brûlé du zèle le plus pur à vous servir pendant votre vie, et à vous rendre leurs pieux devoirs après votre mort.
Vous qui vivez, etc.

Agnus Dei, etc., etc.
Christe, audi nos.
Christe, exaudi nos.

OREMUS.

Da nobis, Domine Jesu Christe, Sanctarum Mariæ Jacobi et Mariæ Salome, patrociniis adjuvari, quæ tibi tam viventi quàm mortuo studuerunt devotis obsequiis famulari.
Qui vivis, etc.

DEUXIÈME JOUR.

(Comme au premier jour, jusqu'à la méditation.)

Les saintes Maries suivent Jésus dans ses courses apostoliques.

Considérons les saintes Maries répondant à l'appel de Jésus et marchant à sa suite pour écouter ses divins enseignements, et se consacrer tout entières à son service.

Oh! si la sainte Vierge avait gravé dans son cœur les paroles que les bergers avaient entendues prononcer par l'ange, au sujet du Sauveur naissant dans l'étable de Bethléem, les saintes Maries ne devaient-elles pas conserver dans leur âme cette parole divine qui s'échappait des lèvres de Jésus lui-même, et qui faisait dire aux Juifs (1) : « Jamais homme n'a parlé comme celui-là ? »

Mais surtout ne devaient-elles pas être heureuses de témoigner au Sauveur leur vive gratitude, en lui prodiguant leurs soins? Aussi, non contentes d'avoir donné chacune à Jésus deux fils pour apôtres, elles se donnent elles-mêmes. Saint Mathieu (2) nous les montre, suivant le divin Maître, de la Galilée jusqu'à Jérusalem.

Les mêmes paroles qui faisaient la joie des saintes Maries, et qu'elles recueillaient avec tant de respect, de foi et d'amour, nous sont

(1) Jean VII, 46.
(2) Math, XXVIII, 55.

annoncées. Dans toutes nos paroisses, elles tombent du haut de toutes les chaires. Qu'il est pénible alors aux pasteurs, à la vue de tant d'âmes indifférentes, de se rappeler cette menace du Sauveur (1). « Celui qui vous méprise, me méprise, et je ne le reconnaîtrai point au dernier jour. » Qu'il leur est pénible de penser à la parabole du mauvais riche. Le riche demande que Lazare aille avertir ses cinq frères, pour leur faire éviter l'enfer. Dieu lui répond (2) : « Ils ont mes prophètes, qu'ils les écoutent ; s'ils n'ajoutent point foi à leurs paroles, ils ne croiraient pas mieux les morts que je pourrais envoyer vers eux. » Qu'il leur est pénible de pleurer avec Notre-Seigneur, sur la Jérusalem nouvelle qui ne veut pas répondre à l'affection qu'ils lui portent !

Oh ! n'ayons pas d'indifférence pour la parole divine, si nous ne voulons point être

(1) Luc x, 16.
(2) Luc xvi, 31.

condamnés ! Rappelons-nous plutôt cette image qui nous en est donnée dans les psaumes (1). « Seigneur ! qu'elle est douce votre parole ; elle surpasse même la douceur du miel. C'est la lumière qui dirige mes pas et qui me montre ma route. » Nous aurons à cœur de la connaître, et nous comprendrons mieux la pensée de saint Augustin : « Celui qui méprise la parole de Dieu est aussi coupable que celui qui prendrait dans ses mains la Sainte-Eucharistie, la jetterait dans la boue, la foulerait aux pieds. »

Jésus ne nous a pas seulement laissé les ministres de sa parole, mais il nous a donné aussi des représentants de sa pauvreté ; et c'est en servant les pauvres que nous le servirons lui-même. N'a-t-il pas pris la forme de ce petit lépreux que sainte Elisabeth de Hongrie (2) recueillit autrefois sur son passage et emporta dans son lit? N'est-il pas dit

(1) Ps. CXVIII, 103.
(2) Rherbacher, *Histoire de l'Eglise.*

dans les livres saints (1) : « Celui qui a pitié du pauvre, prête au Seigneur à intérêt ; le Seigneur lui rendra ce qu'il a prêté. » Oh ! aimons les pauvres, servons en eux Notre-Seigneur. Si nous avons conservé dans nos familles la pieuse habitude de lire tous les soirs une page de la vie des Saints, nous remarquerons qu'ils nous en donnent, presque à chaque page, l'exemple.

O saintes Maries ! donnez-nous l'amour de la parole divine et l'amour des pauvres. Faites que nous puissions nous entendre dire, au dernier jour (2) : « J'ai eu faim, et vous m'avez donné à manger ; j'ai eu soif, et vous m'avez donné à boire ; j'ai été dans l'indigence, et vous m'avez secouru ; venez posséder le royaume qui vous a été préparé depuis le commencement du monde. » Ainsi soit-il.

Magnificat et Litanies, comme au premier jour.

(1) Prov. XIX, 17.
(2) Math, XXV, 34.

TROISIÈME JOUR.

(Comme au premier jour, jusqu'à la méditation).

Les saintes Maries au pied de la croix.

Considérons les saintes Maries debout sur le Calvaire, mêlant leurs larmes à celles de la sainte Vierge, et contemplant Jésus crucifié ; tâchons de pénétrer jusqu'au fond de leur âme, et de voir les sentiments qui les animaient à ce moment de si cruelle angoisse.

Comme le péché dut leur paraître hideux, puisque c'est lui qui avait amassé sur leur divin Maître tant d'injures, tant d'outrages, tant de souffrances ! Qu'elles durent pleurer sur l'ingratitude des Juifs envers le Sauveur mourant qui leur pardonnait, tandis qu'ils tournaient la tête en signe de mépris ! Comme elles durent bien comprendre que la seule voie qui conduise au ciel, c'est celle de la croix, suivant la vérité de ces paroles de Notre Seigneur (1) : « Si quelqu'un veut me suivre, qu'il prenne sa croix, et qu'il se renonce soi-même. »

Mettons-nous au pied de notre crucifix, et disons-nous : c'est pour nos péchés que Jésus-Christ a enduré tant de tourments. Arrosons les pieds de notre divin Maître de ces larmes salutaires qui obtinrent un généreux pardon à la pécheresse de l'Evangile. Prenons la résolution de détester le péché, et de le détruire dans nos cœurs.

Portons, en même temps, nos regards sur ce qui se passe autour de nous. Combien d'ingrats qui osent encore injurier le Sauveur ! Combien de pécheurs aveuglés se font, pour ainsi dire, un devoir de renouveler la scène douloureuse du Calvaire ! Conjurons le Sauveur de leur pardonner, car, comme les Juifs, hélas ! ils ne savent ce qu'ils font ; ils ne connaissent point la noirceur de leur

(1) Math. XVI, 24.

faute, ils ne savent pas tout l'amour que le Sauveur a pour eux. N'oublions pas surtout que la voie du ciel n'est autre que la voie de la croix. Oui, sans doute, il est dur, nous dit l'auteur de l'Imitation (1), d'entendre cette maxime : « Renoncez à vous-mêmes et portez votre croix ; mais il sera bien plus dur encore d'entendre cette condamnation : « Retirez-vous de moi, maudits, allez au feu éternel. »

Quelques croix que le bon Dieu nous réserve, supportons-les avec résignation, et pour nous encourager dans nos faiblesses, ayons souvent devant les yeux ce saint (2) qui, paralysé de tous ses membres, était porté tous les jours par sa mère et son frère à la porte de l'église de Saint-Clément de Rome. Là il sollicitait la compassion des fidèles. Ses infirmités ne l'attristaient point ; il était toujours heureux ; il se faisait apprendre les

(1) Liv. II. 12.

(2) Saint Servule, Bollandistes.

chants de l'Eglise, et les redisait avec un suprême bonheur. Aussi mérita-t-il de s'écrier à ses derniers moments : « Faites silence ; n'entendez-vous pas cette douce mélodie qui résonne dans les cieux ! » et, en achevant ces paroles, il quittait la terre pour aller chanter avec les anges.

O saintes Maries, inspirez-nous la haine du péché, convertissez les pécheurs. Embrasez-nous de l'amour de la croix, afin qu'après avoir partagé les souffrances du Sauveur sur cette terre, nous méritions d'avoir une part à sa gloire dans les cieux, selon cette parole de saint Paul (1) : « Si nous souffrons avec Jésus, nous partagerons son triomphe. » Ainsi soit-il.

Magnificat et Litanies, comme au premier jour.

(1) Rom. VIII, 17.

QUATRIÈME JOUR.

(Comme au premier jour, jusqu'à la méditation).

Les saintes Maries au Cénacle.

Considérons les saintes Maries en prière au Cénacle, avec les apôtres et les disciples de Jésus.

Le Sauveur venait de s'élever vers le ciel, en présence de cinq cents disciples ; il avait promis aux siens de leur envoyer l'Esprit consolateur, et leur avait dit de l'attendre à Jérusalem. Les apôtres vont se préparer à la venue de l'Esprit-Saint. Ils choisissent de préférence la salle qui avait été témoin de l'institution de l'Eucharistie, où le Sauveur était venu les visiter quelquefois, après la résurrection. Les saintes Maries étaient avec eux. Comme leurs prières durent être ferventes! Comme les anges du ciel devaient contempler, avec bonheur, toutes ces âmes d'élite qui passaient des journées entières dans les entretiens avec Dieu ! Et, au jour de la Pentecôte, admises à participer aux grâces qu'apportait à la terre un Dieu consolateur, quelle ne fut pas leur joie !

Pour nous, nous avons aussi un Cénacle où les paroles de la Cène sont souvent répétées et produisent les mêmes merveilles. Dieu s'immole tous les jours dans nos églises ; il prend les apparences du pain et du vin pour descendre et habiter parmi nous. Allons prier dans ces nouveaux Cénacles ! Et ne nous contentons pas de prier seulement dans nos églises, mais prions encore dans nos familles. Prions toujours, suivant le conseil de N. S. lui-même (1) : « Il faut toujours prier, et ne jamais se lasser. » Pour cela offrons toutes nos occupations, tous nos instants, toutes nos pensées à Jésus, dès notre lever. C'est là le gage de la paix, le secret du

(1) Luc, XVIII, 1.

bonheur et la source des plus nombreux mérites. Dans nos tristesses, rappelons-nous cette pensée du curé d'Ars : (1) « Nos peines, disait-il, fondent devant la prière, comme la neige, devant le soleil. » Dans nos découragements, méditons ce trait de la vie de Jésus : Il priait, lorsqu'un de ses disciples s'approche : (2) « Seigneur, dit-il, enseignez-nous à prier. — Le maître contenta ses désirs, et lui enseigna la prière que nous connaissons tous: le *Pater*. Et, pour montrer combien on devait être constant dans la prière, il ajouta : « Un homme pauvre, mais hospitalier, reçut, au milieu de la nuit, un voyageur ; il court aussitôt frapper à la porte de son ami. Prêtez-moi trois pains, lui dit-il, car un hôte m'arrive, et je n'ai rien à lui offrir. Mais l'ami est couché, la maison est close ; il refuse de se lever. Le solliciteur ne se rebute pas, il frappe, frappe toujours jusqu'à ce

(1) *Vie du Curé d'Ars.*
(2) Luc, II, 1.

qu'on lui donne les trois pains. Et moi aussi, je vous le dis, poursuit le Seigneur, demandez et on vous donnera. Quel est celui d'entre vous qui, demandant du pain à son père, en reçoit une pierre; si vous demandez un poisson, vous donnera-t-il un serpent? si vous désirez un œuf, vous offrira-t-il un scorpion? Comment votre Père céleste pourrait-il vous refuser le bien que vous lui demandez. »

O grandes Saintes, gravez dans nos cœurs ces comparaisons du divin Maître. Mettez sur nos lèvres, autant que dans notre âme, cette demande du disciple : « Seigneur, enseignez-nous à prier. » Nous serons sûrs ainsi de contempler un jour notre Père céleste, d'avoir place dans son royaume et de partager la gloire qu'il réserve à ses élus. Ainsi soit-il.

Magnificat et *Litanies*, comme au premier jour.

CINQUIÈME JOUR.

(Comme au premier jour, jusqu'à la méditation.)

Les saintes Maries éprouvées dans leur foi par la persécution.

Considérons les saintes Maries, éprouvées dans leur foi. Le jour de la Pentecôte l'Esprit-Saint a donné trois mille conversions à la parole de saint Pierre. Quelques jours après, cinq mille nouveaux convertis grossissent les rangs de l'Eglise naissante. Les miracles opérés par les apôtres, leurs prédications entraînent les foules. Mais bientôt les Juifs s'irritent de ce succès, et la persécution commence. Les saintes Maries quittent Jérusalem. Elles sont avec Lazare, Marthe, Madeleine, Maximin et d'autres disciples. Les Juifs voudraient leur faire abjurer leur foi ; mais elles ne sauront pas même en rougir, et les menaces de mort les trouveront inébranlables. La mer va être leur tombeau ? Non ! non ! Dieu se servira de la persécution pour faire éclater sa gloire : il réserve ces âmes d'élite pour la terre privilégiée des Gaules ! Louons Dieu qui s'est montré si généreux pour notre patrie !

Aurons-nous la gloire d'être persécutés pour le nom de Jésus ! Ah ! si une telle grâce nous était donnée, demandons à Dieu la force d'imiter les saintes Maries.

Il est toutefois une persécution à laquelle nous n'échapperons pas. Nous avons un ennemi sans cesse irrité contre nous, et à tout moment, selon l'expression de saint Pierre (1), prêt à fondre sur nous, comme un lion sur sa proie ; résistons-lui sans crainte, espérons en Dieu, c'est lui qui le terrasse, comme il terrasse les persécuteurs. Ils ont beau se lever contre nous, nos ennemis ; Dieu les voit du haut du ciel, suivant la pen-

(1) Saint Pierre, v, 8.

sée de David (1), il se joue de leurs efforts, il n'a qu'à dire un mot pour les réduire en poussière.

Il est des épreuves qui pourraient mettre en péril notre foi, et nous faire douter de la bonté divine. Au lieu de dire, comme plusieurs, que Dieu nous a abandonnés, ou qu'il parait trop sévère, disons, avec l'auteur de l'Imitation (2) : « Il est bon pour nous que des contrariétés nous affligent; elles rappellent à l'homme qu'il est sur une terre d'exil et qu'il ne doit pas placer son espérance ici-bas. » Un infirme avait une dévotion particulière à saint Thomas de Cantorbéry (3); il alla prier sur son tombeau pour obtenir sa guérison. Sa demande fut exaucée. Bientôt après, il se dit qu'il avait eu tort, peut-être, de demander cette grâce ; l'infirmité n'était-elle pas plus nécessaire à son salut ! Il

(1) Ps. II, 4.
(2) Liv. 1, ch. 12.
(3) Rodriguez, t. II, chap. XVIII.

retourne une seconde fois au tombeau du saint ; il le prie de demander à Dieu pour lui, ce qui lui serait le plus avantageux. Dieu lui envoya sa première infirmité ; le chrétien la reçut avec la plus vive consolation.

« O saintes Maries (1), augmentez notre foi. » Faites que nous ne nous laissions pas vaincre par le respect humain, la fausse honte ou les épreuves. Faites que Dieu pardonne aux persécuteurs de son Eglise et que, s'il les terrasse, ils puissent se relever, comme saint Paul, amis de Jésus et passionnés pour sa gloire. Faites aussi que nous combattions toujours les bons combats pour avoir un jour la palme de la victoire ! Ainsi soit-il.

Magnificat et Litanies, comme au premier jour.

(1) Luc, xvii, 5.

SIXIÈME JOUR.

(Comme au premier jour, jusqu'à la méditation.)

Les saintes Maries confiantes dans la Providence.

Considérons les saintes Maries exposées à la fureur des vagues sur un frêle esquif. Vont-elles s'attrister de se voir sans cesse à la veille de périr ? S'inquièteront-elles du lendemain, éclateront-elles en gémissements et en larmes ? Maudiront-elles leurs persécuteurs ? Oh ! non ! elles prient pour ceux qui les ont poursuivies de leur haine ; elles se rappellent, sans doute, que Jésus autrefois apaisa la tempête sur le lac de Génésareth ; elles se disent qu'il aura la même puissance sur la mer qui les porte, et, pleines de confiance, s'abandonnent entre ses mains. Leur confiance est agréable au Seigneur qui envoie un ange à leur secours, et leur prépare une terre hospitalière en Camargue.

Nous sommes sur la mer du monde, encore plus agitée que celle que traversent les saintes Maries ; des écueils nous environnent de toutes parts. Peut-être manquons-nous de confiance. Relisons cette belle page de l'Evangile qu'aucune parole humaine ne saurait égaler (1) : « Votre Père du ciel sait ce qui vous est nécessaire, avant que vous le lui demandiez. Aussi, ne soyez pas en peine du lendemain. Voyez les oiseaux du ciel; ils ne sèment point, ils ne moissonnent point, ils n'amassent rien dans leurs greniers ; mais votre Père céleste les nourrit ; ne lui êtes-vous pas beaucoup plus chers. Voyez comment croissent les lis des champs ; ils ne travaillent point, ils ne filent point ; et cependant je vous déclare que Salomon, dans toute sa gloire, n'a jamais éte vêtu comme l'un d'eux. Si donc Dieu a soin de vêtir ainsi une herbe

(1) Math. VI, 28.

des champs qui vit aujourd'hui et demain sera jetée au feu, combien aura-t-il plus de soin pour vous. »

Ayons pleine confiance dans le Seigneur, et suivons ce conseil qui résume toute sa doctrine (1) : « Cherchez d'abord le royaume de Dieu et sa justice, et tout vous sera donné par surcroît. » Ecoutons Jésus qui nous dit dans le beau livre de l'Imitation (2) : « Mon fils, laissez-moi vous diriger comme je le voudrai, je sais ce qui vous convient » ; et répondons-lui : « Si vous voulez que je sois dans les ténèbres, soyez béni ; si vous voulez que la lumière m'éclaire, soyez béni ; si vous me jugez digne de consolation, soyez béni. »

Saint Dominique (3) priait pour la guérison d'un de ses amis qui lui avait demandé d'entrer dans son ordre, et était tombé gra-

(1) Math. vi, 23.
(2) Liv. iii. chap. 17.
(3) Rodriguez, t. ii, chap. 18.

vement malade. La sainte Vierge visita le malade, et lui dit : « Que voulez-vous que je fasse pour vous? je viens savoir ce que vous désirez. » Le malade se trouble, il est saisi de crainte et de respect. Une des Saintes qui accompagnent la sainte Vierge l'engage à ne rien demander. « Mon fils, ajouta-t-elle, abandonnez-vous entre les mains de la Mère de Dieu; elle sait mieux que vous ce qui vous est nécessaire. » Il suivit un conseil si sage, et, s'adressant à la sainte Vierge : « Je ne demande rien, dit-il, je n'ai pas d'autre volonté que la vôtre ». Et la sainte Vierge, heureuse de cette confiance, le guérit aussitôt.

O saintes Maries, apprenez-nous à mettre notre confiance dans le Seigneur! Donnez-nous l'intelligence de ces paroles de l'Imitation (1) : « Ne placez pas votre confiance dans l'homme mortel et périssable. Celui qui est pour vous aujourd'hui, demain sera contre

(1) Liv. II, chap. 7.

vous. Placez toute votre confiance dans le Seigneur. » Oh ! oui, ô saintes Maries, c'est en lui seul que nous voulons nous confier, pour suivre le conseil que l'Esprit-Saint nous donne par son Prophète (1) : « Abandonnez au Seigneur le soin de tout ce qui vous regarde ; lui-même vous nourrira, il ne laissera pas le juste dans une éternelle agitation. »

Ainsi soit-il.

Magnificat et Litanies, comme au premier jour.

SEPTIÈME JOUR.

(Comme au premier jour, jusqu'à la méditation).

Les saintes Maries à leur arrivée sur la terre de Provence.

Considérons les saintes Maries abordant miraculeusement sur la terre de Provence.

Comme autrefois les Hébreux sortis des

(1) Ps. LIV, 23.

flots de la mer Rouge, elles vont entonner un cantique d'action de grâces. Elles ne diront pas avec Moïse et les enfants d'Israël (1): « Chantons des hymnes au Seigneur, parce qu'il a fait éclater sa grandeur et sa gloire, et qu'il a précipité dans la mer le cheval et le cavalier. » Elles ont une hymne d'action de grâces plus belle et plus puissante. Elles dressent un autel. Lazare, Maximin célèbrent les Saints Mystères. C'est Jésus qui est offert, et la reconnaissance des saintes Maries s'élève jusqu'au trône du Tout-Puissant, portée par les Anges qui, pour la première fois, sont venus adorer, sur cette terre des Gaules, le Dieu Rédempteur de l'Eucharistie.

Le miracle de Mara va se renouveler, mais plus éclatant encore. Les Juifs entrèrent, en chantant les louanges du Seigneur, dans le désert de Sur ; ils avaient marché pendant trois jours, ils n'avaient point trouvé d'eau.

(1) Exod. xv, 21.

Seules, des eaux amères s'offraient pour apaiser leur soif. Dieu fait éclater sa puissance et en adoucit l'amertume. Ici, il ne faut pas des journées entières pour trouver cette eau douce qui semble faire défaut; elle est donnée par une source qui jaillit même auprès de l'autel où s'est offerte la Victime Sainte.

Oh ! si nous jetons un regard sur le passé, nous verrons que Dieu nous a fait échapper, nous aussi, à bien des périls, et nous pourrons peut-être nous dire : « Hélas ! si, à tel âge, Dieu ne m'avait pas arraché au danger qui me menaçait, je serais dans un océan de flammes, et pour toujours ! Si Dieu ne m'avait donné un ange gardien pour me montrer la route, je me serais égaré et jeté dans quelque précipice. Si je n'avais été appelé loin de cette ville coupable, je serais maintenant privé des consolations que j'éprouve. »

Oh ! chantons aujourd'hui, avec toute l'ardeur dont nous sommes capables, le cantique de reconnaissance de Marie. Assistons avec plus de piété à la sainte messe. Quelles sont bien vraies ces paroles de l'Imitation (1) : « Il est amer de voir que le sacrifice de la messe, qui réjouit le ciel et sauve le monde, trouve tant d'indifférents. S'il n'était offert que dans un seul lieu de la terre, et par un seul prêtre, quel désir n'aurions-nous pas de visiter ce lieu, et d'unir nos prières à celles de ce prêtre ! » Sortons de notre tiédeur, et nous aurons le bonheur de nous désaltérer à cette source d'eau vive que Jésus fit connaître à la Samaritaine (2) : « Ah ! lui disait-il, si vous connaissiez le don de Dieu ! si vous saviez celui qui vous demande à boire, vous le lui demanderiez vous-même, et il vous donnerait de l'eau vive. Celui qui boira de l'eau de ce puits aura encore soif ; mais celui qui boira de l'eau que je donne, sera désaltéré pour tou-

(1) Liv. IV, chap. 1.
(2) Jean, IV, 10.

jours. » Nous connaissons quelle est cette eau vive, nous pouvons la recevoir, c'est la grâce ; et, Dieu l'a dit à saint Paul (1) : « La grâce vous suffit. » Demandons-la au saint sacrifice de la messe, et elle jaillira de l'autel pour venir se répandre dans nos âmes.

O saintes Maries, rendez-nous plus reconnaissants envers le ciel. Faites que nous assistions toujours au saint sacrifice avec la plus grande ferveur. Aidez-nous à dire avec fruit cette prière de la Samaritaine (2) : « Seigneur, donnez-nous l'eau vive, afin que nous ne soyons plus altérés. » Ce sera le gage de notre bonheur ici-bas et de notre félicité au ciel. »

Ainsi soit-il.

Magnificat et Litanies, comme au premier jour.

(1) I. Corinth. xii, 9.
(2) Jean, x, 15.

HUITIÈME JOUR.

(Comme au premier jour, jusqu'à la méditation.)

Les saintes Maries travaillent à la conversion de l'île qui leur sert de refuge.

Considérons les saintes Maries travaillant à la conversion de l'île de la Camargue. Elles ont obtenu des grâces; elles veulent les rendre fécondes. Leurs exemples, leur vie sainte sont une prédication. Le charme de leur parole, toute empreinte des maximes de Jésus, va jusqu'aux cœurs les plus froids et les plus endurcis. Elles se retirent souvent dans leur petit oratoire. Là, elles prient; et le Seigneur se communique à elles, et dans ce doux entretien il leur donne les plus sûrs moyens de le faire connaître, servir et aimer.

Louons les saintes Maries de leur zèle pour le salut des âmes !

Comme elles, pourquoi ne prêcherions-nous pas nous-mêmes par le bon exemple ! Que de mérites nous seraient réservés, si nous le donnions dans nos paroisses, en assistant assidûment aux saints offices ; dans nos familles, en remplissant fidèlement nos devoirs religieux ; auprès de nos amis, en les entraînant dans la voie du salut.

Pourquoi n'emploierions-nous pas le secours de la parole ? Nous aimons Jésus, et nous ne parlerions jamais de sa bonté, de sa puissance, de sa miséricorde ! Nous souhaitons le ciel, et toutes nos paroles seraient pour la terre ! Nous verrions l'ingratitude des hommes pour leur Sauveur, et nous ne saurions en gémir ! Que cette parole de l'Evangile nous condamne : « Là où se trouve votre trésor, là est aussi votre cœur (1). »

Pourquoi, surtout, n'aurions-nous pas recours à la prière. Nous passons souvent devant nos églises ; il serait si agréable au

(1) Luc, XII, 34.

Seigneur que nous allions lui consacrer quelques minutes, lui offrir nos adorations! Nous aurions dans la journée plusieurs heures de loisir, et nous ne passerions pas quelques instants auprès du tabernacle!

Oh! non! allons auprès de Jésus qui nous appelle, tombons à ses pieds et là, pensons aux pauvres malades. Demandons à Dieu qu'il leur donne le courage de supporter patiemment leurs douleurs et de les sanctifier. C'est là une œuvre de zèle. Pensons aux pécheurs qui l'affligent le plus. Rappelons-nous qu'il peut d'un seul mot briser la glace de leur cœur, et les amener dans le devoir, selon cette comparaison des Livres Saints: « Il parlera, et la glace se fondra (1). » Pensons à nos frères défunts qui gémissent dans les flammes du Purgatoire; demandons la fin de leurs souffrances. En un mot, pensons à ceux qui nous sont chers.

O saintes Maries, embrasez nos cœurs des

(1) Ps. 147, 18.

flammes de ce feu divin qui vous consumait et vous portait à étendre partout le règne de Dieu ! Donnez-nous le zèle du bon exemple, le courage de la parole et la persévérance de la prière, afin que nous puissions contribuer à augmenter le nombre des serviteurs de Jésus, pour mériter nous-mêmes d'être un jour ses élus. Ainsi soit-il.

Magnificat et *Litanies*, comme au premier jour.

NEUVIÈME JOUR.

(Comme au premier jour, jusqu'à la méditation).

Les saintes Maries sur le point de se séparer ici-bas pour se retrouver bientôt au ciel.

Considérons les saintes Maries prêtes à se dire adieu sur cette terre d'exil.

Sainte Marie Jacobé vient d'apprendre

que sa fin est proche. Elle a entendu ces paroles du ciel que le prophète avait dites autrefois au roi Ezéchias : « Votre temps est fini, vous allez mourir. » Une dernière fois, sainte Jacobé aura la consolation de revoir son Sauveur. Ah ! comme elle dut être fervente, cette communion dernière ! Comme elle dut être heureuse, sainte Jacobé, en voyant Jésus venir à elle pour l'assister dans son voyage de cette vie d'exil à la véritable patrie ! Quelle ne dut pas être sa reconnaissance !

Elle va quitter la terre sans regret. Elle a son Dieu dans son cœur. Elle le contemplera bientôt dans sa gloire. Toutes ses pensées sont pour le ciel ; elle appelle Marie Salomé, lui montre, de sa main défaillante, le séjour des élus : « Là, dit-elle, nous nous retrouverons un jour. » Et ses yeux se fermèrent à la pâle lumière de ce monde, pour aller voir Dieu dans toute sa gloire.

Demain nous aurons le bonheur de recevoir Jésus dans la sainte communion. Faisons naitre en nous les dispositions qu'avait sainte Marie Jacobé sur son lit de mort. Regardons cette communion comme si elle devait être la dernière. Dès notre lever, saluons le beau jour qui va luire pour nous. Méditons cette page qui ouvre le quatrième livre de l'Imitation (1), elle fera naitre en nous les plus deux sentiments : « Et quoi ! Seigneur, vous m'appelez, et qui suis-je pour oser m'approcher de vous. Cependant, plein de confiance en vetre bonté et votre grande miséricorde, je m'approche de vous, Seigneur : malade, je viens à mon Sauveur ; consumé de faim et de soif, je viens à la source de vie ; pauvre, je viens au Roi du ciel. » Allons ensuite vers notre Sauveur, avec l'empressement des saintes Maries. Les anges accompagneront Jésus à la table sainte. Ils ne nous diront pas : « Celui que vous cherchez n'est pas ici. » Ah ! ils nous plutôt : « Réjouissez-vous, soyez dans

(1) Imit., liv. IV, chap. 2.

une sainte allégresse: Jésus vient vers vous, il va descendre dans vos cœurs. »

Lorsque le moment viendra de dire adieu au sanctuaire des Saintes-Maries, rappelons-nous que notre tente n'est pas ici-bas dressée pour toujours. Portons nos regards, nos pensées, nos espérances vers le ciel. Avancerions-nous vers la patrie en téméraires? ne nous préparerions-nous pas une place dans le royaume où règnent les saintes Maries? Tous les soirs, avant de nous livrer au sommeil, pensons que le repos que nous allons prendre sera peut-être le repos de la mort. Demandons pardon à Dieu de nos fautes; notre sommeil sera paisible; ainsi la mort ne saura nous surprendre.

O saintes Maries, disposez nos cœurs à recevoir Jésus. Il va nous apporter les grâces que vous avez obtenues pour nous. Faites que rien en nous n'attriste son cœur sacré! Donnez-nous l'intelligence de cette parole de l'Imitation (1): « Si aujourd'hui je ne suis

(1) Liv. I, chap. 23.

pas prêt à quitter la terre, le serai-je mieux demain ? aurai-je plus de soin pour m'y préparer ? » Ah ! n'ayons qu'un désir, celui de vivre comme si nous n'avions qu'une heure, un instant qui nous séparent de l'éternité bienheureuse.

Ainsi soit-il.

Magnificat et Litanies, comme au premier jour.

TROISIÈME PARTIE.

I

Recueil des principaux cantiques qui se chantent au pèlerinage des Saintes-Maries.

I

Cantiques des saintes Maries

I

AIR : *Joseph vendu par ses frères.*

O grandes saintes Maries,
Si chéries
De notre divin Sauveur,
Apprenez-nous votre histoire,
Et la gloire
Qui captiva votre cœur. } *bis.*

Pour cette gloire immortelle
Avec zèle
Vous servîtes Jésus-Christ ;
Déjà sa main vous couronne,
Et vous donne
Tous les biens qu'il vous promit.

Quand cette auguste victime,
Dans Solyme,
Expiait tous nos forfaits,
Avec sa divine Mère,
Au Calvaire
Vous exprimiez nos regrets.

Vous courûtes, désolées,
Eplorées,
A son sépulcre sacré ;
Mais les anges qui survinrent
Vous prévinrent
Qu'il était ressuscité.

Une voix se fit entendre
Pour apprendre
Ce miracle glorieux,
Vous fûtes persécutées,
Outragées
Par un peuple furieux.

Dans un bateau sans cordage,
Au naufrage
On vous exposa soudain ;
Mais de Dieu la Providence,
En Provence
Vous fit trouver un chemin.

O Saintes ! dont la mémoire
Et la gloire
Triomphent en ce saint jour,
Obtenez-nous, par la grâce,
Une place
Dans le bienheureux séjour.

II

Air connu.

Refrain.

Courons aux Saintes-Maries
Pour ranimer notre foi :
Et sur leurs tombes chéries
Implorons le divin Roi.

Ces Saintes pieuses, sages,
Donnent leurs fils au Sauveur,
Quittant leurs biens, leurs ménages,
Pour suivre le Rédempteur.

Des deux sœurs la voix aimable,
Dans la perfide Cité,
Prêchent la vie admirable
De Jésus ressuscité.

Soudain le Juif infidèle,
En barque, sans aviron,
Jette la tribu fidèle
A qui Dieu sert de patron.

Sara, servante pieuse,
Pleure et veut suivre leur sort,
Et sur la mer furieuse
Les servir jusqu'à la mort.

Salomé, voyant ses larmes,
Au vent jette son manteau,
Ordonnant que sans alarmes
Sara s'avance sur l'eau.

Sur le manteau de sa dame
La servante s'embarqua ;
Bientôt, à travers la lame,
Le vent à bord la poussa.

Admirons ces cœurs fidèles
Que rien ne peut séparer ;
Dieu les porte sur ses ailes
Et les dérobe au danger.

Noble terre de Provence,
Jésus a choisi tes bords
Pour épancher sur la France
De son cœur tous les trésors.

Peuple assis dans les ténèbres,
Dans les ombres de la mort,
Entends ces femmes célèbres,
Et Dieu changera ton sort.

Jusqu'ici l'idolâtrie
Aveugla ton cœur charnel ;
Dieu t'éclaire et te convie
Au culte de l'Eternel.

Dans Sion vos mains pieuses
Portent le baume au Sauveur ;
A vos tombes glorieuses
Le Christ aussi rend honneur.

Les rois baisent la poussière
De vos tombeaux vénérés.
Et leur piété sincère
Honore vos os sacrés.

Le malade à la souffrance
Trouve prompte guérison,
L'affligé voit l'espérance,
Le coupable a son pardon.

Saintes, du sein de la gloire,
Jetez vos regards sur nous;
Nous obtiendrons la victoire
Et règnerons avec vous.

III

AIR : *Courons aux Saintes-Maries.*

Refrain.

Nous courons, saintes Maries,
Près de vous, en ce beau jour;
De nos âmes attendries
Recevez les chants d'amour.

Pèlerins, pieux et sages,
Qui venez rendre en ces lieux,
Aux Maries vos hommages,
Offrez-leur vos chants joyeux.

Gloire à vous, la mère heureuse
De saint Jacques le Mineur,
Jacobé, sœur vertueuse
De la Mère du Sauveur.

Gloire à vous, parente aimable
De Marie et de Jésus,
Salomé, femme admirable,
Autre exemple de vertus.

Gloire à vous, humble et fidèle
Servante de Salomé,
Sainte Sara, beau modèle
De douceur, de charité !

On vous jette, saintes dames,
Sur la mer pour y périr ;
Sans patron, sans mât, sans rames,
Qu'allez-vous donc devenir ?

De là-haut le Seigneur mène
Votre barque dans les eaux ;
Elle arrive ici sans peine,
Au pays des Provençaux.

Demeurez dans la Provence,
Obtenez les dons divins
Et votre bonne assistance
Aux fidèles Pèlerins.

Imitons de nos patronnes
Les exemples vertueux,
Nous aurons près de leurs trônes
Une place dans les cieux.

IV

AIR : *Je suis chrétien.*

Refrain.

Patronnes saintes et chéries,
De la Provence astres divins,
Du haut des cieux, saintes Maries,
Daignez bénir vos Pèlerins.

On vous voyait, sur cette terre,
Du Rédempteur suivre les pas;
Vous le suivez jusqu'au Calvaire,
Vous le suivez jusqu'au trépas.

Vous accourez, ô grandes Saintes,
Pour embaumer son divin corps,
Un ange vient calmer vos craintes:
Jésus n'est plus avec les morts.

Votre grand zèle émeut la rage
Des principaux du peuple Juif
Qui vous exposent au naufrage;
Dieu gardera le frêle esquif.

La nef qui porte encor Lazare
Et ses deux sœurs et Maximin,
Sidoine aussi, Marcelle et Sare,
A pour patron l'ange divin.

La pauvre barque ainsi s'avance,
L'ange la mène sur les eaux;
Et dans sa sainte Providence
Dieu la destine aux Provençaux.

O glorieuses Marinières,
Vous nous comblez de vos faveurs;
Assistez-nous par vos prières
Dans nos périls et nos malheurs.

Dans la suprême traversée
De cette vie, emmenez-nous
Sur votre barque bien-aimée
En Paradis, auprès de vous.

V

Air : *Chrétiens qui combattons.*

Quel est ce monument comme une citadelle
Couronné de créneaux, surmonté d'une tour,
Où tant de pèlerins, embrasés d'un saint zèle,
Font retentir leurs chants d'allégresse et d'amour?

Refrain.

Glorieuses saintes Maries,
Nous avons tous recours à vous;
Nos patronnes chéries,
Priez, priez pour nous! *(ter.)*

L'antique monument si digne de mémoire,
Par ses grands souvenirs justement renommé,
C'est un temple, un tombeau, le tombeau plein de [gloire
De sainte Jacobé, de sainte Salomé!

De tout le Languedoc, de toute la Provence
Accourent à l'envi les pieux pèlerins;
C'est ce lieu qu'a choisi la sainte Providence
Pour répandre sa grâce et ses bienfaits divins.

C'est là que se montrant bonnes et tendres mères,
Les Saintes que le peuple aime et vénère tant,
Font descendre du Ciel les grâces salutaires
Sous forme de prodige et miracle éclatant.

On voit le pauvre aveugle, à la prière ardente,
L'infirme endolori, les yeux mouillés de pleurs,
Le malade épuisé que la fièvre tourmente
Exposer tour à tour leurs maux et leurs douleurs.

Celui qui des malheurs ressent l'horrible peine
Et qu'un monde égaré ne console jamais,
Et le pécheur aussi qui veut briser sa chaîne
Y viennent rechercher les célestes bienfaits.

Et tous ces malheureux que la souffrance afflige,
Reçoivent en ce lieu chacun leur guérison ;
Et le pauvre pécheur, par un plus grand prodige,
Y retrouve à la fois la paix et le pardon.

Peuples du Languedoc, peuples de la Provence,
Venez toujours prier les Saintes en ces lieux ;
Elles vous obtiendront un jour, pour récompense,
De voir et de chanter leur gloire dans les cieux.

VI

AIR : *Du Sacré-Cœur.*

Nous accourons, ô saintes bonnes mères,
Avec transport près de vous en ce jour,
Pour vous offrir nos ferventes prières,
Vous consacrer nos chants et notre amour.

Refrain.

Douces amies
Des malheureux,
Grandes saintes Maries, } *bis.*
Daignez combler nos vœux. }

Vous partagez la mission divine
En devenant du Sauveur les soutiens;
Lorsqu'il prêchait sa céleste doctrine
Vous l'assistiez de vos soins, de vos biens.

Vous le suivez jusque sur le Calvaire,
Pour compatir à son dernier tourment;
Vous devenez, avec la Vierge-Mère,
Témoins aussi du divin testament.

Vous accourez, amantes matinières,
Pour embaumer le corps du Rédempteur;
Vous méritez de le voir les premières,
Quand il sortit de la tombe vainqueur.

Vous devenez apôtres des Apôtres,
Leur annonçant le Christ ressuscité;
Vous deviendrez bientôt aussi les nôtres,
Nous apprenant la foi, la vérité.

C'est grâce à vous, femmes apostoliques,
Que notre terre a depuis deux mille ans
Le grand flambeau des dogmes catholiques
Qui fit la France et les Français si grands.

Les Juifs épris d'une infernale rage,
Cherchent en vain à vous donner la mort;
La main de Dieu vous sauva du naufrage,
En conduisant la barque jusqu'au port.

Et maintenant les humaines puissances,
En se faisant de l'enfer les suppôts,
Veulent ravir nos divines croyances,
Et submerger la barque dans les flots.

Il en est un surtout qui rivalise
Avec Satan de haine et de courroux
Pour engloutir la barque de l'Eglise;
D'un tel fléau, Saintes, délivrez-nous!

Envoyez-nous l'ange de délivrance
Pour nous sauver, en essuyant les pleurs
Du Père saint, de Rome et de la France,
Et réparer enfin tant de malheurs.

Puis quand viendra la suprême agonie,
Saintes, venez auprès du pèlerin;
Et conduisez sur votre barque amie,
Son âme en paix dans le séjour divin.

VII

Air connu.

Refrain.

Désarmez le Christ,
Désarmez le Christ
Par vos prières.
Désarmez le Christ,
Désarmez le Christ,
Soyez au ciel nos bonnes mères. (*Bis*).

Du brillant soleil, à l'aurore,
Quel bonheur d'avoir les rayons !
Le premier fruit que l'astre dore
Est le plus beau de nos vallons.

Le Christ vous appelle, Maries,
À sa mère il doit cet honneur ;
De la Vierge les sœurs bénies
Semblaient mériter ce bonheur.

La voix du ciel porte des flammes ;
Et l'on vit, de ses feux divins,
Le Christ ravir de simples femmes
A la hauteur des Chérubins.

Quelle noblesse ! quel courage !
De Jésus Pierre craint le sort,
Et des filles, malgré la rage,
Suivent le Christ jusqu'à la mort.

L'amour prépare, dans les larmes,
L'aloès, la myrrhe et l'encens ;
Dès l'aurore, malgré les armes,
Le Christ recevra leurs présents.

L'œil, étonné du tombeau vide,
Voit l'ange assis sur le linceul
Et l'ange dit à leur foi vive :
Non, Jésus n'est plus au cercueil.

L'onde connaît votre innocence
Quand elle voit, sans aviron,
Sans cordage, sous sa puissance,
La barque frêle de Sion.

Réjouis-toi, belle Provence,
Voici les hôtes de Jésus ;
Du ciel la douce Providence
T'envoie une arche de vertus.

Descendez de votre nacelle,
Arrivez sur le sombre bord ;
Abandonnez la barque frêle,
Bénissez Dieu, voilà le port.

Dieu vous couronne de miracles,
La mer reconnait votre bras ;
Sa fureur, à vos tabernacles,
S'arrête et recule à grands pas.

Le sourd écoute la prière ;
Le muet chante le Seigneur ;
L'aveugle y trouve la lumière ;
Le remords, la paix, la douceur.

VIII

AIR *Quelle nouvelle et sainte ardeur.*

Voyez sur cette vaste mer
Sans voile, ni mât, ni cordage,
Ce vaisseau que poursuit l'enfer
Pour le dévouer au naufrage.

Refrain.

En ce beau jour, ô pèlerins pieux,
Que nos voix attendries
Portent nos vœux, nos chants jusques aux cieux,
En l'honneur des Maries.

Du peuple Juif maudit du ciel
Subissez en paix la colère,
Pieuses filles d'Israël ;
Qu'en Jésus votre cœur espère.

Dans la Judée, humble mortel
Comme nous il voulait paraître ;
Mais, toujours fils de l'Eternel,
Aux flots il commandait en maître.

Aujourd'hui qu'il a dans les cieux
Revêtu la toute-puissance,
Par un prodige glorieux,
Il prouvera sa Providence.

Chargé de ton noble fardeau,
Malgré les vents, la mer profonde,
Avance, o bien-aimé bateau !
En vain, pour toi, la foudre gronde.

Il avance, heureux Provençaux,
Fendant les flots, quoique fragile ;
Le Ciel le conduit dans nos eaux :
La Camargue lui donne asile.

Saintes femmes que le Sauveur
Ainsi préserva du naufrage,
Vous nous bénites de bon cœur,
Nous acceptant pour héritage.

Dès lors objet de vos bontés,
Vous nous avez servi de mères,
Guérissant nos infirmités,
Soulageant toutes nos misères.

Conservez parmi nous la foi
Dont, sur cette île hospitalière,
Servantes du souverain Roi,
Vous fîtes briller la lumière.

Que nous soyons chrétiens fervents;
Qu'à Dieu notre raison soumise
Nous rende de pieux enfants
En tout dévoués à l'Eglise.

Dans ce triste vallon de pleurs
Nous perdons souvent confiance ;
Conservez-nous, dans nos malheurs,
La paix et la douce espérance.

Que le feu de la charité
Brûle en nous des plus vives flammes,
Et que l'aimable pureté
Comme un beau lis brille en nos âmes.

Au pauvre, mendiant son pain,
Ouvrez la main de l'opulence,
Soyez mère de l'orphelin,
Et protégez son innocence.

Obtenez à tous ici-bas
Du ciel l'impérissable gloire ;
Soutenez-nous dans nos combats :
Nous remporterons la victoire.

Et de votre nom glorieux,
Dans tous les temps, saintes Maries,
Retentiront nos chants joyeux ;
A jamais vous serez bénies.

IX

AIR : *Sur cette terre.*

Peuple fidèle,
Nous qu'un saint zèle
Toujours appelle
Sur ces bords lointains,
Offrons aux Maries
Patronnes chéries
De grâces remplies
Nos joyeux refrains.

Ames ferventes,
Saintes amantes,
Dignes parentes
Du Sauveur Jésus ;
En vous, ô Maries,
Patronnes chéries,
Se sont réunies,
Toutes les vertus.

L'amour transporte
Votre âme forte,
Et vous conforte
Au pied de la croix,
Là, Saintes Maries,
Patronnes chéries,
Vous êtes transies
D'horribles effroi .

Portez le baume,
Le doux arôme
Au Dieu fait homme
Qui pour nous est mort.
Cessez, ô Maries,
Patronnes chéries,
D'être endolories:
Jésus vit encor.

Le divin Maître
Daigne apparaître,
Se fait connaître
Et vous l'adorez ;
Heureuses Maries,
Patronnes chéries,
Vous baisez, ravies,
Ses beaux pieds sacrés.

On vous outrage
L'enfer, en rage,
Par le naufrage
Veut votre trépas.
La barque, ô Maries,
Patronnes chéries,
Malgré les furies,
Ne sombrera pas.

Dans la Provence
Votre puissance,
Votre clémence
Brilleront toujours.
Donnez-nous, Maries,
Patronnes chéries,
O tendres amies,
Votre bon secours.

La mer du monde
ui toujours gronde
eut, dans son onde
Nous voir englou
Menez-nous, Maries,
Patronnes chéries,
Aux rives fleuries
Du saint Paradis.

II

Cantiques divers.

I

Cantique de sainte Sara.

AIR : *Espoir, espoir, espoir.*

Refrain.

Venez, troupes choisies,
Chantons sainte Sara ;
Toujours près des Maries
Son nom resplendira.

La foule était debout sur le rivage,
Tout doucement s'éloignait le bateau ;
Pauvre bateau, sans rames, sans cordage,
Chacun croyait le voir sombrer bientôt.

De Salomé la servante fidèle,
L'humble Sara sanglotait sur le bord ;
Je veux monter sur la barque, dit-elle,
Et pour Jésus subir aussi la mort.

Mais Salomé, par le Ciel inspirée,
Jette à la mer sa mantille soudain ;
Sainte Sara, sur les eaux transportée,
S'embarquera par un nouveau moyen.

Sara se signe, et, toute confiante,
Sur la mantille elle monte sans peur,
Arrive ainsi, sur l'onde mugissante,
Vers Salomé, rendant grâce au Seigneur.

La barque prend la haute mer lointaine,
Elle s'avance à la garde de Dieu;
L'Ange de Dieu la dirige, la mène
Et la débarque en Provence en ce lieu.

La troupe sainte en Camargue prend terre;
Sur le rivage elle dresse un autel.
Saint Maximin offre le saint mystère,
Tous sont nourris du Pain vivant du ciel.

Pour étancher la soif qui les dévore,
Dieu fait jaillir une eau douce à l'instant.
Nous la voyons cette eau guérir encore
Par sa vertu le malade souffrant.

Nous vous prions, grandes Saintes Maries,
Et vous aussi, bienheureuse Sara,
Soyez toujours nos patronnes chéries,
Jamais en vain on vous invoquera.

De tout fléau, guerre, famine, peste,
Délivrez-les, vos pèlerins pieux;
Obtenez-leur, par la grâce céleste,
Auprès de vous d'être un jour dans les cieux.

XI

Cantique national.

Pitié mon Dieu! c'est pour notre patrie
Que nous prions au pied de cet autel;
Les bras liés et la face meurtrie,
Elle a porté ses regards vers le ciel.

Refrain.

Dieu de clémence,
O Dieu vainqueur,
Sauvez Rome et la France
Par votre Sacré Cœur !

Pitié, mon Dieu ! sur un nouveau Calvaire
Gémit le chef de votre Eglise en pleurs !
Glorifiez le successeur de Pierre
Par un triomphe égal à ses douleurs.

Pitié, mon Dieu ! la Vierge immaculée
N'a pas en vain fait entendre sa voix :
Sur notre terre ingrate et désolée
Les fleurs du Ciel croîtront comme autrefois.

Pitié, mon Dieu ! pour tant d'hommes fragiles
Vous outrageant sans savoir ce qu'ils font ;
Faites renaître, en traits indélébiles,
Le sceau du Christ, imprimé sur leur front.

Pitié, mon Dieu ! votre Cœur adorable
A nos soupirs ne sera pas fermé :
Il nous convie au mystère ineffable
Qui ravissait l'apôtre bien-aimé.

Pitié, mon Dieu ! trop faibles sont nos âmes
Pour désarmer votre juste courroux ;
Embrasez-les de généreuses flammes,
Et rendez-les moins indignes de vous.

Pitié, mon Dieu ! si votre main châtie
Un peuple ingrat qui semble la braver ;
Elle commande à la mort, à la vie,
Par un miracle elle peut nous sauver.

XII

Cantique du Sacré-Cœur.

Air connu.

Refrain.

Divin Jésus, notre Dieu, notre frère,
Près de ton Cœur ta voix nous appela;
Dans les combats, dans la prière,
Nous serons là, nous serons là. } *bis.*

Chrétiens qui cherchez un appui,
Une lumière, une espérance,
Le salut pour vous, pour la France,
Jésus le veut, courez à lui. *(bis).*

Pour nous se livrant au bourreau,
Le cœur ouvert par une lance,
A l'Eglise il donna naissance ;
Son Cœur devint notre berceau. *(bis).*

O Cœur, ô trésor immortel,
En toi nous trouvons la victoire,
En toi, la grâce, en toi, la gloire;
C'est toi qui nous ouvre le ciel. *(bis).*

Ton appui nous aide à souffrir
Dans ce triste monde où nous sommes
Tu nous apprends l'amour des hommes,
Toi qui pour eux daignas mourir.

O Cœur généreux du Sauveur,
Fais jaillir sur notre patrie
Cette eau qui lave et purifie,
Ce sang qui nourrit la ferveur.

XIII

Cantique au Saint-Sacrement.

Refrain.

Le voici l'agneau si doux,
Le vrai pain des anges,
Du ciel il descend pour nous,
Adorons-le tous.

C'est un tendre père,
C'est le bon pasteur,
Un ami sincère,
C'est notre Sauveur.

C'est l'amour suprême,
Trésor des vertus;
C'est le Ciel lui-même
Puisque c'est Jésus.

C'est la sainte hostie
Le vrai pain des Cieux,
D'éternelle vie
Gage précieux.

Céleste modèle
D'aimable douceur,
Tous il nous appelle,
Courons à son Cœur.

Le Dieu de lumière,
Astre bienfaisant,
Entend la prière
Du pauvre et du grand.

Au meilleur des pères,
Ah! venons ouvrir
Toutes nos misères
Qu'il veut secourir.

Disons-lui nos peines,
Toutes nos douleurs;
Il rompra nos chaînes,
Ravira nos cœurs.

De notre faiblesse
Il aura pitié,
De notre tristesse
Prendra la moitié.

Sa sainte présence
Remplit notre cœur
De reconnaissance
D'amour, de bonheur.

Dans ce saint mystère
Quel bien infini!
Le Ciel et la terre
Y sont réunis.

Arche d'alliance
D'éternels secours,
Avec confiance
Allons-y toujours.

XIV

Air connu.

Refrain.

Je suis chrétien ; c'est là ma gloire,
Mon espérance et mon soutien,
Mon chant d'amour et de victoire,
Je suis chrétien, je suis chrétien.

Je suis chrétien, à mon baptême,
Dieu dans mon cœur grava sa loi,
Je fus marqué du sceau suprême,
Sa grâce vit et règne en moi.

Je suis chrétien, j'ai Dieu pour père,
Je veux l'aimer et le servir,
Avec sa grâce tutélaire
Je veux, pour lui, vivre et mourir.

Je suis chrétien, je suis le frère
Du Christ Jésus mon Rédempteur,
L'aimer, le suivre et lui complaire
Fera ma gloire et mon bonheur.

Je suis chrétien, je suis le temple
Du Saint-Esprit, du Dieu d'amour ;
Celui que tout le ciel contemple,
En moi veut faire son séjour.

Je suis chrétien, ô sainte Eglise,
Je suis fier d'être votre enfant,
Et de ma foi toujours soumise
Mon cœur suivra l'enseignement.

Je suis chrétien, sur cette terre
Je passe comme un voyageur,
Je vais au ciel, dans la lumière,
Puiser la vie et le bonheur.

XV

Le pilote dévot à Marie.

Air connu.

Dans ce triste pèlerinage
Marie adoucit tous mes maux ;
Elle garantit du naufrage
Ma barque errante au gré des flots.
Si la tempête rompt ma voile
Et me rejette loin du bord,
Marie est la brillante étoile
Qui me ramène dans le port. } (*bis*).

Que j'aime à voir sur la colline
Ce temple et ces autels sacrés,
Dont l'ombre sainte qui s'incline
Se peint dans les flots azurés !
C'est là que cette tendre mère
Prête l'oreille à nos sanglots,
Et, comme un ange tutélaire,
Veille au salut des matelots.

Quand la douce main de l'aurore
Soulève le voile des nuits,
Quand la voix de l'airain sonore
Vole sur les flots endormis ;
Bercé sur l'onde transparente,
Je chante un cantique d'amour
A cette Vierge ravissante,
Qui fut l'aurore d'un grand jour.

Oh ! que j'aime à chanter Marie !
Son nom d'une aimable douceur
Inonde mon âme attendrie,
Il fait ma joie et mon bonheur.
A ce nom, la vague écumante
Dépose humblement son courroux ;
Les zéphyrs vers ma barque errante
Accourent à ce nom si doux.

Ma mère m'apprit à redire
Ce nom sacré dès mon berceau ;
En lettres d'or je veux l'écrire
Sur la poupe de mon bateau.
Les vents et la mer en furie
Voudraient en vain me submerger,
Caché sous l'aile de Marie
Je ne redoute aucun danger.

Lorsqu'au déclin de ma carrière
Ma main oubliera l'aviron,
Aux piliers de son sanctuaire
Je suspendrai mon pavillon.
Ma prière, au jour des tempêtes,
Sera pour les navigateurs ;
Au jour de ses aimables fêtes
Je la couronnerai de fleurs.

Quand, de la mort prenant les ailes,
Je m'envolerai vers les cieux,
Je veux que ses mains maternelles
Me ferment doucement les yeux.
On ne gravera sur ma tombe
Que les emblêmes de la paix :
Son nom, des fleurs, une colombe,
Pour marquer combien je l'aimais.

XVI

Cantique à la Vierge.

Air connu.

Unis aux concerts des Anges,
Aimable reine des cieux,
Nous célébrons tes louanges
Par nos chants mélodieux.

Chœur.

De Marie
Qu'on publie
Et la gloire et les grandeurs ;
Qu'on l'honore,
Qu'on l'implore,
Qu'elle règne sur nos cœurs.

Auprès d'elle la nature
Est sans grâce et sans beauté ;
Les cieux perdent leur parure,
L'astre du jour, sa clarté. De Marie, etc.

C'est le lis de la vallée,
Dont le parfum précieux
Sur la terre désolée
Attira le Roi des cieux. De Marie, etc.

C'est l'auguste sanctuaire
Que le Dieu de majesté
Inonda de sa lumière,
Embellit de sa beauté. De Marie, etc.

C'est la Vierge incomparable,
Gloire et salut d'Israël,
Qui pour un monde coupable
Fléchit le courroux du ciel. De Marie, etc.

Pour tout dire, c'est Marie :
Dans ce nom que de douceur !
Nom d'une mère chérie,
Nom, doux espoir du pécheur. De Marie, etc.

Ah ! vous seuls pouvez le dire,
Mortels, qui l'avez goûté,
Combien doux est son empire,
Combien grande est sa bonté. De Marie, etc.

Qui jamais de la détresse
Lui fit entendre le cri,
Et n'obtint de sa tendresse
Sous son œil un sûr abri. De Marie, etc.

Vous qui d'un monde perfide
Craignez les puissants appas,
Si Marie est votre guide,
Non, vous ne périrez pas. De Marie, etc.

En vain la mer en furie
Frémirait autour de vous,
Si vous invoquez Marie,
Vous braverez son courroux. De Marie, etc.

Oui, je veux, ô tendre mère !
Jusqu'à mon dernier soupir,
T'aimer, te servir, te plaire,
Et pour toi vivre et mourir. De Marie, etc.

Hymne à la Sainte Vierge.

Ave maris stella,
Dei mater alma
Atque semper Virgo,
Felix cœli porta.

Sumens illud ave
Gabrielis ore,
Funda nos in pace,
Mutans Evæ nomen.

Solve vincla reis
Profer lumen cæcis;
Mala nostra pelle,
Bona cuncta posce.

Monstra te esse matrem,
Sumat per te preces
Qui pro nobis natus
Tulit esse tuus.

Virgo singularis,
Inter omnes mitis,
Nos culpis solutos
Mites fac et castos.

Vitam præsta puram,
Iter para tutum,
Ut videntes Jesum,
Semper collætemur.

Sit laus Deo Patri,
Summo Christo decus
Spiritui Sancto,
Tribus honor unus.
Amen.

PRIÈRE.

O saintes Maries, c'est vous qui m'avez inspiré d'écrire ce livre. C'est à vos pieds que je le dépose. Sans doute, il est loin de répondre à tout ce que votre gloire et vos bienfaits réclament. Vous ne dédaignerez pas, toutefois, de l'accueillir avec bienveillance, comme l'expression d'un cœur reconnaissant, et vos bénédictions sauront le rendre fructueux.

Nimes.—Typ. Dubois, imp. de l'Evèché, rue Bernard-Aton, 2.

TABLE DES MATIÈRES

Deuxième époque (du Xe siècle à la Terreur).

TROISIÈME PARTIE

Nîmes. — Typographie Dubois.

www.ingramcontent.com/pod-product-compliance
Lightning Source LLC
Chambersburg PA
CBHW071910160426
43198CB00011B/1238
* 9 7 8 2 0 1 2 1 7 1 7 8 7 *